学前教育专业规划教材

U1019829

学前儿童社会教育

XUEQIAN ERTONG SHEHUI JIAOYU

主　编　赵景辉
副主编　龚佳佳
编　委　冀秋阳　张世雷　彭少娟
　　　　张学丽　谢空娅

西南师范大学出版社
国家一级出版社　全国百佳图书出版单位

图书在版编目(CIP)数据

学前儿童社会教育 / 赵景辉主编. — 重庆：西南师范大学出版社，2018.6(2020.8重印)

ISBN 978-7-5621-9264-0

Ⅰ.①学… Ⅱ.①赵… Ⅲ.①学前儿童-社会教育 Ⅳ.①G611

中国版本图书馆CIP数据核字(2018)第099997号

学前儿童社会教育

XUEQIAN ERTONG SHEHUI JIAOYU

赵景辉 主编

责任编辑：曾 文

装帧设计：尚品视觉 CASTALY 周娟 钟琛 何欢欢

排　　版：黄金红

出版发行：西南师范大学出版社

网址：http://www.xscbs.com

地址：重庆市北碚区天生路2号

市场营销部：023-68868624

邮编：400715

印　　刷：重庆长虹印务有限公司

幅面尺寸：185mm×260mm

印　　张：13.75

字　　数：224千字

版　　次：2018年6月 第1版

印　　次：2020年8月 第2次印刷

书　　号：ISBN 978-7-5621-9264-0

定　　价：39.00元

学前教育专业规划教材

ZONGXU 总序

党的十九大报告指出，我国社会主要矛盾已经转化为人民日益增长的美好生活需要和不平衡不充分的发展之间的矛盾。在学前教育领域，就是人们日益增长的对高质量学前教育的需要和学前教育质量不平衡不充分发展之间的矛盾。目前幼儿教师的专业性薄弱成为制约学前教育发展的关键因素。为了满足社会对优质学前教育人才的需要，我国必须建立健全应用型学前人才培养机制。2010年，《国务院关于当前发展学前教育的若干意见》中指出"师资队伍不健全"是学前教育薄弱环节的主要表现之一，提出要"完善学前教育师资培养体系"；2014年，《国务院关于加快发展现代职业教育的决定》再次强调："在学前教育、护理、健康服务、社区服务等领域，健全对初中毕业生实行中高职贯通培养的考试招生办法。"可见，师资培养已经成为当前学前教育发展的重中之重。

教材建设是幼儿教师教育改革的重要环节，直接影响着未来幼儿教师的专业素养。我们立足于学前教育师资培养的实际，着眼于夯实学生的基本理论和基本能力，培养符合时代要求、具有良好专业素养的新型幼儿教师，力求体现时代性、科学性和实践性，组织编写了本套教材。教材的特色体现在以下几个方面：

1. 编写队伍上，阵容强大，经验丰富

本套教材的主编、副主编及参编人员来自各级各类院校、教研机构以及一线名园，均长期从事相关专业工作，有着扎实的理论基础和丰富的实践经验。

2. 内容选择上，以生为本，适应学情

教材编写强调以学生为中心，融合“教材即学材”的理念，符合职业教育的培养目标与学生认知规律，适应学生的学习能力和自主学习的需要。

3. 呈现形式上，创新模式，易教利学

融入多种板块（如学习目标、学习重难点、知识结构图、案例导入、本章小结、思考与练习）和学习材料（资料链接、人物介绍、拓展阅读），部分学科采取以项目执行来设置教学单元，增强了可读性，易教利学。

4. 配套资源上，立体建设，拓展资源

配合教学中的教、学、做、测各环节，采用不同的技术手段，开发了多样的教学资源，具体包括PPT、典型案例、题库、名师名课视频等等，为教学提供全面支持。

总之，本系列教材注意了课程结构，反映了各门课程结构之间的联系和衔接，内容分配合理，既相互联系又相互区别，在帮助学生尽快掌握幼儿教育的基本理论和从事幼儿教育工作最基本的工作技能等方面做了有益的探索。

最后，要感谢参与本系列教材编写和审稿的各位老师所付出的大量辛勤劳动，也要感谢西南师范大学出版社职业教育分社的编辑们对本系列教材的支持和编辑工作。由于编写时间紧、人员能力有限等原因，本套教材还存在一些不足。在使用本教材的教师和学生的关心和帮助下，我们会不断改进和完善这套教材，促进我国学前教育专业的教学改革和课程建设，提高人才培养质量，进而促进学前教育质量的提升。

2018年6月

QIANYAN 前言

学前期是学前儿童社会化发展的关键时期，对人类个体一生的社会化发展也有着重要影响。学前期开展适宜的社会教育活动能够有效促进幼儿自我意识、人际交往、社会适应等能力的发展。因此，我们需要了解学前儿童社会性发展的年龄特征，了解学前儿童社会教育的目标与内容，掌握学前儿童社会教育的原则、方法与途径，并以此为基础，能够有效地设计、实施和评价学前儿童社会教育活动。

本书在借鉴前人有关学前儿童社会教育研究的基础上，有效结合《幼儿园教育指导纲要（试行）》（全书简称《纲要》）、《3—6岁儿童学习与发展指南》（全书简称《指南》）中对社会领域的要求，将社会教育内容的范围进行归纳，包括学前儿童自我意识发展与教育、学前儿童人际交往发展与教育、学前儿童社会适应发展与教育、学前儿童社会规范教育、学前儿童社会环境教育、学前儿童归属感发展与教育六个部分。

为此，本书共分为七章。第一章是学前儿童社会教育概述。主要介绍了两个部分的内容：第一部分主要阐述了学前期是学前儿童社会性发展的关键期的思想，学前儿童社会教育的内涵及其重要意义；第二部分分别从学前儿童社会教育目标、内容、原则、途经、方法五个层面概括学前儿童社会教育的框架。

第二章是学前儿童自我意识发展与活动指导。重点分析了自我意识的概念、自我意识的发生及学前儿童自我意识的发展，提出促进学前儿童自我意识发展的途径与方法。最后，围绕学前儿童自我意识发展，设计活动并提供案例。

第三章是学前儿童交往能力发展与活动指导。主要阐述了学前儿童交往能力发展的意义及影响因素，并从幼儿园一日生活情境、专门的教育活动、教师榜样、家园合作等方面论述促进学前儿童交往能力发展的途径与方法。最后是学前儿童交往能力发展的活动设计与指导。

第四章是学前儿童社会适应能力发展与活动指导。重点解析学前儿童社会适应能力的内涵及其内容，并分别就四个具体内容来论述促进学前儿童社会适应能力发展的途径与方法，最后从学前儿童交往活动的设计原则和思路提供活动设计指导案例。

第五章是学前儿童社会规范教育与活动指导。厘清学前儿童社会规范教育的概念、学前儿童社会规范的发展及其影响因素，分析促进学前儿童社会规范教育的途径与方法。最后，设计学前儿童社会规范教育活动，并提供案例。

第六章是学前儿童社会环境教育与活动指导。首先从学前儿童自身、幼儿园、家庭、社区分析了影响学前儿童社会环境教育的因素，其次论述了学前儿童社会环境教育的途径与方法，最后提出学前儿童社会环境教育活动设计注意事项，并重点介绍了学前儿童社会环境教育活动几个设计范例。

第七章是学前儿童归属感发展与活动指导。首先介绍了儿童归属感的概念、发展特点和影响因素，并分析了儿童归属感的价值和意义，梳理了世界各国在课程体系中对儿童归属感培养的目标界定。在此基础上，介绍了儿童归属感培养的四大原则、五个途径和六种方法。最后，结合具体的儿童归属感活动案例，通过理论与实践相结合的方式，分析了幼儿园培养儿童归属感的具体做法。

在本书撰写过程中，我们始终关注三个结合。一是与《指南》的社会领域要求紧密结合。本书的框架与具体分析有效结合了《指南》中有关社会领域的精神要领，使得本书的框架与逻辑更具科学性与针对性。二是理论与实践的紧密结合。本书首先从学前儿童的目标、内容、原则、方法、途径建立了学前儿童社会教育的理论体系，尤其是确定了学前儿童自我意识发展与教育、学前儿童人际交往发展与教育、学前儿童社会适应发展与教育、学前儿童社会规范教育、学前儿童社会环境教育、学前儿童归属感发展与教育六大内容范畴，并围绕每个内容的含义、影响因素与实施途径和方法进行系统分析。此外，本书在围绕学理论述的同时，提供了具体的活动案例与分析，体现出学以致用、理论结合实践的价值导向。三是学与考的有效结合。本书不仅建立了学前儿童社会教育的学习框架，为了使学习者更加有效地学习，每个章节还包括学习目标、学习重难点与知识结构图，通过知识链接、拓展阅读等模块，丰富学习内容。本书还针对学前儿童社会教育的教师资格考试真题进行解析，围绕真题提出思考与练习，为广大学生应对幼儿园教师资格考试提供参考依据。

本书是集体劳动的成果，具体分工如下：第一章、第四章由广州大学赵景辉撰写；第二章由广东省外语艺术职业学院冀秋阳撰写；第三章由深圳职业技术学院龚佳佳撰写；第五章由惠州市技师学院彭少娟撰写；第六章由广州开发区第二幼儿园张学丽撰写；第七章由中山市教师进修学院张世雷撰写；全书由赵景辉、龚佳佳统稿，资料收集及整理工作由重庆市巴南职业教育中心谢空娅完成。本书在撰写过程中，得到西南大学杨晓萍教授、刘云艳教授的大力指导，对她们的支持表示感谢。本书能够顺利出版，还要感谢西南师范大学出版社及相关编辑，他们为本书倾注了大量时间和精力。

由于作者学识和能力有限，其中不当之处敬请读者指正。

MULU 目录

第1章 学前儿童社会教育概述

新学期伊始，幼儿进入幼儿园后，开始了新的群体生活。适应新的环境，遵守班级规则，与同伴交往是幼儿进入新的群体后必须面对的问题。教师们都在讨论社会教育该如何进行？社会教育的目标是什么？内容又体现在哪里？为此，明确学前期是儿童社会性发展的关键期，根据学前儿童的社会性发展特点，确定社会教育的目标，选择适当的教育内容，遵循科学的原则，通过有效的途径与方法来组织与指导就应成为每个教师必须了解的内容。

【学习目标】

1. 了解学前儿童社会性发展、社会教育的内涵。
2. 理解学前期是儿童社会性发展关键期的思想。
3. 熟知学前儿童社会教育的目标结构与学前儿童社会教育内容。
4. 掌握并学会运用学前儿童社会教育的原则、途经与方法。

【学习重难点】

1. 学前儿童社会教育目标确定的依据与目标结构，学前儿童社会教育内容分类。

2. 学前期是儿童社会性发展的关键期的观点的理解，学前儿童社会教育原则与方法的灵活运用。

【知识结构图】

- 学前儿童社会教育概述
  - 社会教育与儿童
    - 学前儿童社会性发展的内涵
    - 学前儿童社会教育及其意义
  - 学前儿童社会教育体系
    - 学前儿童社会教育目标
    - 学前儿童社会教育内容
    - 学前儿童社会教育原则
    - 学前儿童社会教育途径
    - 学前儿童社会教育方法

第一节
社会教育与儿童

一、学前儿童社会性发展的内涵

人类个体在其一生发展的过程中具有两种属性，即生物属性与社会属性。生物属性是保存和维持人的有机体生命成长的属性，比如维持机体成长的饮食、睡眠、运动、排泄等。人类个体的发展是从“自然人”走向“社会人”的过程，仅仅具备生物属性是不能满足个体发展的。社会属性是指个体在与他人和环境相互作用中产生的社会认知、情绪情感、人际关系、行为习惯等方面的变化。由于社会属性的发展，儿童才由出生时的自然人逐渐变成适应社会生活环境、参与社会生活、掌握社会规范、履行社会角色，能与周围人正常交流、互动，并以自己独特个性对社会产生影响的社会人。

（一）学前儿童社会性发展及其内容

表1-1-1 学者对学前儿童社会性发展的概念界定

研究者	对学前儿童社会性发展概念的主要观点
Bergan（1976年）	儿童的社会性是由其稳定的内部结构和通过遗传与环境相互作用而形成的那些特征
王坚红（1991年）	认为理论界对儿童社会性内容的理解大致可归结为4个方面：(1) 早期依恋感，与家庭成员的相互作用与关系；(2)道德发展，与同伴、老师或其他人的相互作用中，涉及社会道德规范的认知、情感和行为；(3)社会能力，认知与处理社会情景的能力和与别人交往的技能、策略与效果等；(4)个性的形成，包括自我概念、独立能力、自制力、性格等

续表

研究者	对学前儿童社会性发展概念的主要观点
卢乐山（1991）	将社会性具体解释为人们进行社会交往，建立人际关系，理解、掌握和遵守社会行为规则，以及人们控制自身行动的心理特征
王振宇（1992年）	儿童社会性发展是儿童在一定的社会条件(包括社会环境和社会关系) 下逐渐独立地掌握社会规范，正确处理人际关系，妥善自治，从而客观地适应社会生活的心理过程。他将儿童的社会性划分为人际关系、社会规范和自我发展三个维度
陈会昌（1994年）	广义的社会性指人在社会生存过程中所形成的全部社会特性的总和，包括人的社会心理特性、政治特性、道德特性、经济特性、审美特性、哲学特性等，它是和人作为生物个体的生物性相对而言的。狭义的社会性指由于个体参与社会生活、与人交往，在他固有的生物特性基础上形成的那些独特的心理特性，它们使个体能够适应周围的社会环境。正常地与别人交往，接受别人影响，也反过来影响别人，在努力实现自我完善过程中积极地影响和改造周围环境
陈帼眉等（1995年）	社会性发展的内容主要涉及自我概念、情绪、亲社会行为和攻击性行为、性别化、亲子关系、同伴关系、道德等方面
王健敏（1996年）	儿童社会性发展最集中地反映在对事、对人、对己三个方面，可以将儿童社会性概括为责任心、合作、自制力的三维品质结构
向海英（1997年）	幼儿的社会性发展是指幼儿在与社会环境的相互作用下，了解与初步掌握社会规范，逐渐掌握社会生活技能，处理人际关系，发展自主性，逐渐适应社会生活的心理发展过程
李幼穗（2004年）	儿童社会性发展有时也称作儿童的社会化。它是每个孩子成为负责任的、有独立行为能力的社会成员的必经途径。儿童掌握社会经验和社会关系包括多方面内容，即掌握参加社会生活所必须具备的道德品质、价值观念、行为规范，以及形成积极的生活态度、善于自我调节、掌握交往技能等
刘晶波（2015年）	幼儿的社会性是指在幼儿的发展过程中，与他们的生物性特征相对应的，在他们的社会心理需要的驱动下，在与自我、他人和环境的互动过程中所表现出来的、相对稳定的行为特征和心理特征

社会性发展作为一个专门概念，是由国外学者在20世纪70年代提出的，20世纪80年代后，社会性发展这一概念的使用频率持续增长。国内各学者对于幼儿社会性发展的研究也在20世纪90年代后逐渐展开。虽然不同研究者从不同的视角对社会性发展有着不同的界定，但仍呈现出一定的趋势：首先，强调幼儿社会性发展是幼儿内部结构与外部环境相互作用的结果，幼儿社会性发展离不开幼儿生物性基础，它具有生物性和社会性双重属性，是从生物属性逐步过渡到社会属性的过程；其次，社会性发展包括广义与狭义的理解，

广义指人在社会生存过程中所形成的全部社会特性的总和，包括人的社会心理特性、政治特性、道德特性、经济特性、审美特性、哲学特性等。狭义研究者更多是从人际关系、社会规范和自我发展三个维度去论述。

在分析、综合与借鉴前人研究基础上，我们将社会性发展界定为：个体在与外界环境相互作用过程中表现出来的观念、情感、态度和行为等随着年龄而发生的变化。具体来讲，幼儿的社会性发展包括①：

(1)自我意识的发展。表现为自我认识、自我情感体验、自我控制与调节、自我管理。

(2)社会认知的发展。表现为对自我的认知，对社会关系的认知，对他人的认知，对社会环境的认知，对性别角色、行为方式的认知，对社会规范的认知。

(3)社会行为的发展。表现为亲社会行为、攻击性行为、撒谎行为、告状行为、嬉戏行为等，这些社会行为不是割裂的，而是相互联系的。

(4)社会适应能力的发展。表现为新环境的适应能力，对陌生人的适应能力，克服困难、解决生活问题的能力，对同伴交往的适应能力等。

(5)社会情绪情感的发展。表现为依恋感、同情心、责任感、羞愧感以及各种情绪的表达和控制。

(二)学前期：儿童社会性发展的关键期

近年来，国内外研究表明学前期是人的社会性行为、情绪情感、性格等方面发展的关键期，也是人的一生中发展速度最快、可塑性最强的时期。一方面，大脑是儿童社会性发展的物质基础，大脑在学前期是发展最为迅速的，决定了学前期是儿童社会化的关键期。3岁左右儿童的脑重为成人的2/3，7岁时已基本接近成人，人脑细胞的70%～80%是3岁前形成的，处于学前期的儿童具有巨大的学习潜力，拥有很大的发展“可能性”。从大脑的神经元突触与活动量来看，1岁时，婴幼儿大脑皮层的新陈代谢活动与成人大脑相似；2岁时，大脑内神经元的突触数量达到成人发展水平；到3岁时幼儿大脑的活动量约为成人大脑的两倍半。3～8岁，儿童的皮层神经元比之前增加一倍，突触继续增加。②总之，从个体脑重和神经元突触发展的速度可以看出，0～3岁婴

① 裘指挥．幼儿社会教育与活动指导[M]．北京：高等教育出版社，2014．

② 周相全，唐浩．大脑研究对教育的启示[J]．知识经济，2010(10)：176．

幼儿大脑发育速度最快，而6岁前是儿童脑发育的关键期。在大脑成长的关键期，如果我们提供丰富的环境，将会使大脑皮层更具厚度，生长更多的突触，促进大脑细胞之间的交流，大脑的快速发展又能为幼儿社会性发展提供支持。另一方面，学前期的社会性发展对儿童后期成长至关重要。研究表明，2～4岁是幼儿秩序发展的关键期，3～5岁是幼儿自我控制发展的关键期，4岁是幼儿同伴交往的关键期，5岁是幼儿由生理性需要向社会性需要发展的关键期。[①]由此可见，幼儿的社会性发展会直接影响幼儿今后的成长，幼儿如果在早期能够得到成人的积极关注与照料，幼儿的社会交往能力、爱心、责任感、合作性、信任感、自信心就会得到发展，容易形成温和、积极的个性，反之则易出现孤僻、冷淡、退缩以及攻击性等行为。幼儿良好的社会性发展不仅对幼儿个体有着重要影响，还对社会的发展有着重要贡献。美国几项长达二十至三十年的学前教育追踪研究显示：高质量的学前教育计划不仅促进了参与其中儿童的成长和其家庭生活水平的提高，而且能为社会带来巨大的经济效益。其中"帕里学前教育方案"的效益分析发现：对学前教育进行投资，其收益是投资的3.5倍；"高瞻学前教育方案"的经费分析表明：对学前教育每投入1美元，日后能够获得7.16美元的收益。2010年9月27日至30日，首届联合国教科文组织世界学前教育大会在莫斯科召开，大会将学前教育提高到"构筑国家财富"的高度，发人深省。与会者达成的共识是：投资学前教育比投资任何其他阶段的教育都拥有更大的回报。美国、埃及、西欧等国家或地区的多项早期教育成本效益研究表明：对早期教育的投资可以降低辍学率、复读率、对社会救济的依赖率、犯罪率等，由此节约大批公共资金；拥有优质保教经验的儿童更容易接受高等教育，获得较高收入，为社会做更大贡献。

二、学前儿童社会教育及其意义

前文既然探讨和论证了学前期是儿童社会性发展的关键期，对儿童社会性发展至关重要，那么什么是学前儿童社会教育？学前儿童社会教育的意义又是什么？这些本体性问题的阐释就显得至关重要。

① 杨丽珠，吴文菊．幼儿社会性发展与教育[M]．大连：辽宁师范大学出版社，2000:11.

(一)学前儿童社会教育

学前儿童社会教育的界定会因为人们对社会教育基本事实与价值认识的差异而有所不同。有的学者认为幼儿社会教育是教育者按照社会价值取向,通过多种途径,不断向幼儿施加多方面的教育影响,使其逐渐适应社会环境的过程。①有学者认为学前儿童社会教育主要是对幼儿进行社会认知、社会情感、社会行为方面的教育。具体是指帮助幼儿正确地认识自己、他人和社会(社会环境、社会活动、社会规范、社会文化),形成积极的自然情感和社会情感,掌握与同伴、成人相互交往以及与周围环境相互作用的方式,以便使幼儿能有效地在社会中生存和发展的教育。②还有学者认为学前儿童社会教育是以儿童的社会生活事务及相关的人文社会知识为基本内容,以社会及人类文明的积极价值为引导,在尊重儿童生活、遵循儿童社会性发展的规律与特点的基础上,由教育者通过多种途径,创设有教育意义的环境和活动,陶冶儿童心灵,培育具有良好社会理解力、社会情感、品德与行动能力的完整、健康的儿童。③ 刘晶波认为能够促进幼儿社会性朝着积极的、健康的、和谐的方向发展的,一切外在的、有组织的、有目的的教育活动统称为幼儿社会教育。④ 裘指挥认为学前儿童社会教育是一种在成人引导和良好环境陶冶下,以发展幼儿的个性和社会性为目标,以增进幼儿的社会认知、激发幼儿的社会情感、培养幼儿亲社会行为为主要内容的建构活动。⑤ 幼儿社会教育注重的是幼儿基本的生活态度和能力的培养,让幼儿在生活中学会协商、合作、轮流、分享、表达等交往技能。已有研究者的概念界定与分析为我们解读学前儿童社会教育概念提供前提基础。学前儿童社会教育是指在成人的引导下,为促进幼儿社会性发展,在成人的引导下,以增进幼儿的社会认知、激发幼儿的社会情感、培养幼儿亲社会行为为主要内容的教育活动。

(二)学前儿童社会教育的意义

幼儿个体从自然人到社会人转化的过程,也是其社会性发展的过程,学

---

① 徐明.幼儿社会教育[M].北京:中国劳动社会保障出版社,1999:24.

② 李生兰.学前教育学[M].上海:华东师范大学出版社,1999.

③ 甘剑梅.学前儿童社会教育[M].北京:中央广播电视大学出版社,2007:18.

④ 刘晶波,等.幼儿园社会领域教育精要——关键经验与活动指导[M].北京:教育科学出版社,2015:8.

⑤ 裘指挥.幼儿社会教育与活动指导[M].北京:高等教育出版社,2014:31.

前儿童社会教育起着至关重要的作用。学前儿童社会教育要在幼儿身心特点的基础上，促进幼儿个人成长，同时还要将幼儿培养成适应社会需要的人。具体来讲，学前儿童社会教育对幼儿个体发展与社会文化的发展都有着促进意义。

1. 对幼儿个体发展

《指南》中强调“幼儿社会领域的学习与发展过程就是其社会性不断完善并奠定健全人格基础的过程”。人际交往和社会适应是幼儿社会学习的主要内容，也是其社会性发展的基本途径，幼儿在与成人、同伴交往的过程中，不仅学习如何反思，还会习得与成人、同伴的交往能力，不断发展适应社会生活的能力。良好的社会教育对幼儿身心健康和其他各方面都产生重要影响。

首先，高质量的社会教育有助于幼儿自我意识的发展。自我意识是对自己身心活动的觉察，即自己对自己的认识，包括自己的生理状况、心理特征以及自己与他人关系的认识。良好的自我意识在幼儿日常生活中有着极其重要的意义，开展相关自我意识的社会教育活动，能够让幼儿知道自己的身体特征、自己的爱好、自己的优缺点、自己的情绪情感体验，这些有利于形成幼儿自信、乐观的健康心态，也会形成积极的自我概念。

其次，高质量的社会教育有助于幼儿交往能力的提升。幼儿的交往是指幼儿与成人及同伴在生活中学会表达自己的愿望、了解别人的情绪，学会沟通，相互理解。学前儿童社会教育中有关人际交往的内容能让幼儿学习与人交往的方法，掌握最初的交往技能，逐渐知道分享、谦让、合作等行为会得到同伴的认同，而争抢、喊叫、无理取闹等行为是不受欢迎的。同时，在交往能力培养中，也有利于幼儿克服以自我为中心的行为，促进幼儿语言、社会认知的发展。

最后，高质量的社会教育有助于幼儿适应社会生活。适应能力是幼儿应对外界社会的基础能力。从自然人转化为社会人是人类个体必经的过程，幼儿只有习得所在社会群体的价值观和行为方式才能成为社会中合格的一员，幼儿良好的适应能力是其习得社会群体价值观和行为方式的重要支持条件。良好的社会教育会让幼儿获得适应群体生活的能力、适应社会规范的要求，从而应对社会生活。

2. 对社会的发展

教育是保存和传递社会文化的有效手段。社会中的文化、文明、风俗的保存都要通过受过良好教育的社会群体来实现。高质量的学前儿童社会教育,能够让幼儿习得社会角色、社会交往与社会规范,能够培养出更加适合这个社会发展的成员。儿童是社会的未来,是我们的希望,是具有潜力的种子,良好的社会教育对幼儿产生着重要影响,间接对社会的发展起到促进作用。具体来讲:一方面,为社会输送更加适宜、优秀的合格公民。例如,涂尔干明确指出教育在于使年轻一代系统的社会化,使幼儿的身体、智力和道德状况都得到发展,以适应整个社会对儿童发展的要求,从而成为合格的公民,为国家和社会承担相应的责任和义务。另一方面,对社会经济发展、社会文化传递起到重要作用。各国的教育经济研究表明沿着学前教育、初等教育、中等教育、高等教育的顺序,各个教育阶段产生的社会效益在减小、个人收益在增加,这也就意味着作为人生奠基阶段的学前教育相对于其他阶段教育所产生的社会效益是最为可观的。同时,社会文化的传承有赖于优秀的个体与群体,学前儿童社会教育能够帮助幼儿形成正确的社会认知、社会规范与交往能力,能够将社会文化保存与延续下去。

思考与练习

1. 为什么说学前期是儿童社会性发展的关键期?
2. 学前儿童社会教育的内涵是什么?

真题解析

幼儿园促进幼儿社会性发展的主要途径是(　　)。

A. 人际交往

B. 操作练习

C. 教师讲解

D. 集体教学

【答案】A。幼儿的社会性发展是幼儿在自然的生活中，在与同伴、成人的人际交往中习得发展的。

第二节
学前儿童社会教育体系

幼儿社会性发展的实现需要人们对幼儿园社会教育目标、内容、原则与方法的准确把握和深入理解。目标是学前儿童社会教育的逻辑起点，具有导向性，确立目标意识，准确把握目标的价值取向对幼儿的社会教育及社会活动的设计具有重要作用。内容是学前儿童社会教育的重要载体，是实现社会教育目标的有效保障。学前儿童社会教育原则是幼儿园为实现社会教育目的而制定的包括目标、法则和规则在内的完整体系，是幼儿园实施社会教育必须遵循的一些基本准则和基本要求。方法是指在一定的教育思想指导下形成的实现教育思想的策略性途径，学前儿童社会教育的原则与方法对达成幼儿园社会教育目标、提高教育质量、完成教育任务有着重要影响。

一、学前儿童社会教育目标

（一）学前儿童社会教育目标确定的依据

1. 学前儿童身心发展规律

学前儿童社会教育的落足点在于促进幼儿健康发展，社会教育目标的制定必须考虑幼儿的需求与发展，尤其是要关注幼儿的认知发展、社会性发展、情感萌芽和个性形成规律，诸多要素关乎着幼儿社会教育的目标能否落到实处。比如，在幼儿认知发展层面，儿童思维方式的变化是从直观行动思维到具体形象思维和抽象逻辑思维，学龄前的儿童在2～3岁主要是直观行动思维方式，3～6岁主要是具体形象思维，儿童的学习主要依靠动作、直观的形象等方式，如果此时提供给儿童的学习环境主要以语言、概念等抽象形式为主，没有动作、直观形象加以辅助，那么儿童是不能够有效地进行学习的。又比如：幼儿的情绪变化。新生儿已有明显的情绪反应，刚刚出生的婴儿会因为外在环境的变化（气温、噪声、空气等）产生悲伤等情绪而哭泣，随着年龄增长，幼儿的情绪反应主要从生理需要的满足逐步过渡到社会性需要的满足，孩子会因为同伴争吵、教师批评等产生消极情绪，也会因为同伴接纳、教师表扬而产生积极情绪。诸上幼儿身心发展特点为幼儿社会领域目标的确定提供前提基础。

2. 社会发展的要求

幼儿生活在社会中，必定会受到社会环境的熏陶。婴幼儿从最初依靠条件反射到后天依靠学习逐渐成为一个能有效参与社会的主体，除了自身主动与社会外界环境的互动，还会在这个过程中受到社会的影响。不同的社会发展时期，由于外界生存环境和社会发展不同，对幼儿个体素质有着不同的需求。如果我们缺乏对社会发展的明确定位，盲目地对幼儿进行社会教育，会导致儿童不能适应未来的生活。由此，学前儿童社会教育目标的确定、内容的选择必须考虑社会的需求。当今社会是快速发展的社会，对个体的合作交往、社会适应能力有着更高的要求。人们需要进行心理上、生理上以及行为上的各种适应性的改变，才能应对社会的快速变迁。由此，学前儿童社会教育中要关注幼儿社会生活适应能力以及人际交往能力的培养，使幼儿在未来生活中能够根据外界的变化调整自己，能够接受新情境中的社会规范，融入多变的社会交往，适应多元的社会氛围。

3. 国家政策导向

学前儿童社会教育目标的确定与学前教育相关政策的规定密切相关，并且会受其影响。诸多政策是国家学前教育发展与改革的指向性规定，代表着最为科学、专业、全面的学前教育改革取向。学前儿童社会教育作为学前教育内容的重要组成部分，必然要遵循政策的相关规定，密切关注政策的价值导向与规定要求。比如《幼儿园工作规程》中指出应贯彻国家的教育方针，按照保育与教育相结合的原则，遵循幼儿身心发展特点和规律，实施德、智、体、美等方面全面发展的教育，促进幼儿身心和谐发展。其中第五条规定幼儿园保育与教育目标是：促进幼儿身体正常发育和机能的协调发展，增强体质，促进心理健康，培养良好的生活习惯、卫生习惯和参加体育活动的兴趣。发展幼儿智力，培养正确运用感官和运用语言交往的基本能力，增进对环境的认识，培养有益的兴趣和求知欲望，培养初步的动手探究能力。萌发幼儿爱祖国、爱家乡、爱集体、爱劳动、爱科学的情感，培养诚实、自信、友爱、勇敢、勤学、好问、爱护公物、克服困难、讲礼貌、守纪律等良好的品德行为和习惯，以及活泼开朗的性格。培养幼儿初步感受美和表现美的情趣和能力。《纲要》中规定：幼儿园教育是基础教育的重要组成部分，是我国学校教育和终身教育的奠基阶段。幼儿园教育应尊重幼儿的人格和权利，尊重幼儿身心发展的规律和学习特点，以游戏为基本活动，保教并重，关注个别差异，促进每个幼儿富有个性的发展。此外，国家近几年陆续颁布《指南》《幼儿园教师专业标准（试行）》《幼儿园园长专业标准》等政策文本，这无疑对学前儿童社会教育目标、内容的确定有着重要影响。

（二）学前儿童社会教育目标的结构划分

1. 学前儿童社会教育的总目标

学前儿童社会教育的总目标体现在幼儿园的相关政策文本之中。2001年颁布的《纲要》中规定幼儿园社会教育目标包括：（1）能主动地参与各项活动，有自信心；（2）乐意与人交往，学习互助、合作和分享，有同情心；（3）理解并遵守日常生活中基本的社会行为规则；（4）能努力做好力所能及的事，不怕困难，有初步的责任感；（5）爱父母长辈、老师和同伴，爱集体、爱家乡、爱祖国。2012年教育部颁布的《指南》中指出：幼儿社会领域的学习与发展过程是其社会性不断完善并奠定健全人格基础的过程。人际交往和社会适应是幼儿社会学习的主要内容，也是其社会性发展的基本途径。《指南》规定了幼儿园社会领域与儿童发展的目标：（1）人际交往。包括愿意与人交往；能与同伴友好互助；具有自尊、自信、自主的表现；关心尊重他人。（2）社会适应。包括喜欢并适应群体生活；遵守基本的行为规范；具有初步的归属感。《指南》中建议在幼儿社会教育开展中应亲切地对待幼儿，关心幼儿，让他感到长辈是可亲近、可信赖的，家庭和幼儿园是温暖的。吸引和鼓励幼儿参加集体活动，萌发集体意识。运用幼儿喜闻乐见和能够理解的方式激发幼儿爱家乡、爱祖国的情感。总体目标为学前儿童社会教育提供正确的价值导向与影响，提供了方向性的引领。《纲要》中对社会教育目标的表述与要求侧重教育的角度，而《指南》则更为关注从儿童学习的视角来阐述与分析幼儿社会教育的目标，这都对幼儿园社会教育的具体实施有着重要的引领作用。

2. 学前儿童社会教育的阶段目标

学前儿童社会教育的阶段目标在学前儿童社会教育总目标的指导下，对3～6岁每个阶段的幼儿社会教育提出不同层次的要求，是对教育总目标的具体化。阶段目标的确定能够帮助我们细化总目标，并能更好地掌握学前儿童的年龄特点，为具体的社会活动设计提供依据。《指南》从幼儿学习的视角，将社会领域分为人际交往与社会适应两大目标，具体划分为七个子目标，并将七个子目标的具体年龄表现呈现出来。

拓展阅读

表1-2-1 学前儿童社会教育阶段目标体系

维度	目标	小班(3～4岁)	中班(4～5岁)	大班(5～6岁)
	愿意与人交往	(1)愿意和小朋友一起游戏 (2)愿意与熟悉的长辈一起活动	(1)喜欢和小朋友一起游戏，有经常一起玩的小伙伴 (2)喜欢和长辈交谈，有事愿意告诉长辈	(1)有自己的好朋友，也喜欢结交新朋友 (2)有问题愿意向别人请教 (3)有高兴的或有趣的事愿意与大家分享

续表

维度	目标	小班(3～4岁)	中班(4～5岁)	大班(5～6岁)
人际交往	能与同伴友好相处	(1)想加入同伴的游戏时，能友好地提出请求 (2)在成人指导下，不争抢、不独霸玩具 (3)与同伴发生冲突时，能听从成人的劝解	(1)会运用介绍自己、交换玩具等简单技巧加入同伴游戏 (2)对大家都喜欢的东西能轮流分享 (3)与同伴发生冲突时，能在他人帮助下和平解决 (4)活动时，愿意接受同伴的意见和建议 (5)不欺负弱小	(1)能想办法吸引同伴和自己一起游戏 (2)活动时，能与同伴分工合作，遇到困难能一起克服 (3)与同伴发生冲突时，能自己协商解决 (4)知道别人的想法有时和自己不一样，能倾听和接受别人的意见，不能接受时会说明理由 (5)不欺负别人，也不允许别人欺负自己
	具有自尊、自信、自主、的表现	(1)能根据自己的兴趣选择游戏或其他活动 (2)为自己的良好行为或活动成果感到高兴 (3)自己能做的事情愿意自己做 (4)喜欢承担一些小任务	(1)能按自己的想法进行游戏或其他活动 (2)知道自己的一些优点和长处，并对此感到满意 (3)自己的事情尽量自己做，不愿意依赖别人 (4)敢于尝试有一定难度的活动和任务	(1)能主动发起活动或在活动中出主意、想办法 (2)做好事或取得成功后还想做得更好 (3)自己的事情自己做，不会的愿意学 (4)主动承担任务，遇到困难能够坚持而不轻易求助 (5)与别人的看法不同时，敢于坚持自己的意见并说出理由
	关心、尊重他人	(1)长辈讲话时能认真听，并能听从长辈的要求 (2)身边的人生病或不开心时表示同情 (3)在提醒下能做到不打扰别人	(1)会用礼貌的方式向长辈表达自己的要求和想法 (2)能注意到别人的情绪，并有关心、体贴的表现 (3)知道父母的职业，能体会到父母为养育自己所付出的辛劳	(1)能有礼貌地与人交往 (2)能关注别人的情绪和需要，并能给予力所能及的帮助 (3)尊重为大家提供服务的人，珍惜他们的劳动成果 (4)接纳、尊重与自己的生活方式或习惯不同的人
	喜欢并适应群体生活	(1)对群体活动有兴趣 (2)对幼儿园的生活好奇，喜欢上幼儿园	(1)愿意并主动参加群体活动 (2)愿意与家长一起参加社区的一些群体活动	(1)在群体活动中积极、快乐 (2)对小学生活有好奇和向往

续表

维度	目标	小班(3～4岁)	中班(4～5岁)	大班(5～6岁)
社会适应	遵守基本的行为规范	(1)在提醒下,能遵守游戏和公共场所的规则 (2)知道不经允许不能拿别人的东西,借别人的东西要归还 (3)在成人提醒下,爱护玩具和其他物品	(1)感受规则的意义,基本能遵守规则 (2)不私自拿不属于自己的东西 (3)知道说谎是不对的 (4)知道接受了的任务要努力完成 (5)在提醒下,能节约粮食、水电等	(1)理解规则的意义,能与同伴协商制定游戏和活动规则 (2)爱惜物品,用别人的东西时也知道爱护 (3)做了错事敢于承认,不说谎 (4)能认真负责地完成自己所接受的任务 (5)爱护身边的环境,注意节约资源
	具有初步的归属感	(1)知道和自己一起生活的家庭成员及与自己的关系,体会到自己是家庭的一员 (2)能感受到家庭生活的温暖,爱父母,亲近与信赖长辈 (3)能说出自己家所在街道、小区(乡镇、村)的名称 (4)认识国旗,知道国歌	(1)喜欢自己所在的幼儿园和班级,积极参加集体活动 (2)能说出自己家所在地的省、市、县(区)名称,知道当地有代表性的物产或景观 (3)知道自己是中国人 (4)奏国歌、升国旗时能自动站好	(1)愿意为集体做事,为集体的成绩感到高兴 (2)能感受到家乡的发展变化并为此感到高兴 (3)知道自己的民族,知道中国是一个多民族的大家庭,各民族之间要互相尊重,团结友爱 (4)知道国家一些重大成就,爱祖国,为自己是中国人感到自豪

3. 学前儿童社会教育活动目标

在学前儿童社会教育目标体系中,教育活动目标是最具体的,它是根据学前儿童社会教育总目标和年龄阶段目标,结合社会领域活动内在的特点以及幼儿社会的关键经验而制定的具体的、可操作性的目标。总体目标与不同的年龄目标需要通过一系列的教育活动设计和实施才能逐步完成,将不同年龄阶段的社会教育目标需要分解并落实到一个个具体的社会教育活动中。活动目标一般包括三个维度:知识、能力与情感。知识维度目标包括自我意识发展方面的知识、人际交往的知识、社会适应的知识、社会规范的知识等,可以通过了解、指导、掌握等词汇表达。能力维度目标包括幼儿合作能力、交往能力、自主能力、独立能力等方面,可以通过学会、做到、能够等词汇表达。情感维度包括良好的态度、良好的个性品质等，可以通过愿意、喜欢、保持等词汇表达。

（三）学前儿童社会教育目标确立的意义

1. 适应幼儿身心特点，促进幼儿健康成长

学前儿童社会教育应尊重幼儿的身心发展特点和学习特点，充分关注幼儿的经验，创设幼儿社会教育活动的氛围，让幼儿主动地学习。由此，学前儿童社会教育目标的确立能够帮助我们更为清晰地洞察幼儿身心发展的特点，尤其是幼儿社会性发展，了解每个年龄阶段的发展特征与需求，把握每个年龄阶段的关键经验，从而提供适宜的教育，促进幼儿健康成长。

2. 满足社会发展需求，为幼儿未来生活做准备

幼儿的发展是从自然人不断向社会人转变的过程。在幼儿成长阶段，教育者不仅关注幼儿的内在自身需求，还要关注社会发展的需求，使幼儿能够更好地适应未来的社会。社会教育中不可避免地要考虑与社会需求的有效衔接，因此学前儿童社会教育目标的确立能够帮助我们把握社会需求的方向且结合幼儿的身心特点为幼儿的未来做好准备。比如，社会领域中特别关注幼儿适应能力目标，正是社会的现实状况与需求在幼儿社会教育目标中的重要体现。

3. 利于教师专业成长，促进社会活动有效开展

教师的目标意识能够帮助他们在活动中确保完整的活动流程，能够观察、记录幼儿，对活动进程与效果进行反思，提升专业水平。教师作为社会教育的主要执行者，作为幼儿成长的重要他人，应该具有社会教育的目标意识，明确社会教育的目标体系，了解社会教育的目标层次。社会教育总目标、阶段目标、活动目标的纵向体系为学前儿童社会教育具体活动的开展提供了参考框架和操作指向。总体目标和阶段目标为社会教育活动的开展提供了宏观框架，活动目标则为具体活动的开展提供了操作性目标，是活动内容、活动组织、活动实施、活动评价的重要参考依据。由此，教师准确定位社会教育目标能够促进学前儿童社会教育活动有效的开展。

二、学前儿童社会教育内容

幼儿园课程内容是指依照幼儿园课程目标选定的通过一定的形式表现和组织的基本知识、基本态度和基本行为。[①] 按此逻辑，学前儿童社会教育内容是按照社会教育目标选定的通过一定的形式和组织，儿童学习获得的健康知识、态度和行为的总和。一方面，学前儿童社会教育内容为目标服务，目标是内容选择的首要依据，内容的选择要与目标一致；另一方面，学前儿童社会教育内容不仅包括学科的知识，还包括幼儿在学习过程中形成的态度、价值观以及相应的行为方式。

（一）学前儿童社会教育的内容范围

学前儿童社会教育的内容范围是指学前儿童社会教育包含哪些内容，对内容范围的准确分析能够帮助我们确定社会教育内容的边界。其中，具有代表性的《纲要》与《指南》是分析幼儿园社会教育内容范围的重要依据。《纲要》中的学前儿童社会教育包括如下内容：(1)引导幼儿参加各种集体活动，体验与教师、同伴等共同生活的乐趣，帮助幼儿正确认识自己和他人，养成对他人、社会亲近、合作的态度，学习初步的人际交往技能。(2)为每个幼儿提供表现自己长处和获得成功的机会，增强其自尊心和自信心。(3)提供自由活动的机会，支持幼儿自主地选择、计划活动，鼓励他们通过多方面的努力解决问题，不轻易放弃克服困难的尝试。(4)在共同的生活和活动中，以多种方式引导幼儿认识、体验并理解基本的社会行为规则，学习自律和尊重他人。(5)教育幼儿爱护玩具和其他物品，爱护公物和公共环境。(6)与家庭、社区合作，引导幼儿了解自己的亲人以及与自己生活有关的各行各业人们的劳动，培养其对劳动者的热爱和对劳动成果的尊重。(7)充分利用社会资源，引导幼儿感受祖国文化的丰富与优秀，感受家乡的变化和发展，激发幼儿爱家乡、爱祖国的情感。(8)适当向幼儿介绍我国各民族和世界其他国家、民族的文化，使其感知人类文化的多样性和差异性，培养理解、尊重、平等的态度。《纲要》中社会领域的内容主要涉及个人、家庭、幼儿园和社会四个范围的生活，各个范围的生活涉及对自我的认识、人际交往、社会规范、社会环境等。2012年教育部颁

---

① 虞永平.学前课程价值论[M].南京:江苏教育出版社,2002:196.

布的《指南》中在两个目标(人际交往、社会适应)的引领下,包括以下内容:人际交往;自尊、自信;适应群体生活、遵守社会规范、形成初步的归属感,并在这些内容维度基础上具体展开,具有较强的参考价值和操作指导。可以说,以上两个政策文本中的要求与规定为我们理解学前儿童社会教育内容范围提供了极为重要的借鉴依据。

(二)学前儿童社会教育的内容分类

通过对学前儿童社会教育内容范围的描述,我们可以将其内在线索进行梳理,并将社会教育内容的范围进行逻辑归纳,方便人们更清晰地理解学前儿童社会教育的内容。具体包括以下类别[①]:

1. 自我意识

自我意识是对自己身心活动的觉察,包括认识自己的生理状况(身高、体重、体态等)、心理特征(兴趣、能力、性格、气质等)以及自己与他人的关系。自我意识的结构是从自我意识的三层次,即知、情、意三方面分析的,是由自我认知、自我体验和自我调节(或自我控制)三个子系统构成。具体来讲包括:(1)帮助幼儿认识自己和接纳自己,增进幼儿的自我价值感和自信心。如幼儿能够知道自己的特点,了解自己的优缺点,能够接纳自己的不足,同时也知道自己是独立的个体,与其他小朋友不同,具有自信心。(2)创造环境让幼儿有自主选择的机会,培养孩子独立抉择和处理问题的能力,并知道要对自己的选择担负责任。(3)帮助幼儿认识并能表达和调节自己的情绪。幼儿的情绪情感具有易变性、易传染、易冲动等特点,根据这些特征,教育者要让幼儿正确认识情绪、了解情绪、能够学会表达自己的情绪,并对消极情绪进行调节。教师可以专门组织情绪认识与调节的主题活动帮助幼儿正确地认识和表达自己的情绪,也可通过渗透式的方式在其他领域活动中让幼儿了解情绪。(4)鼓励幼儿大胆表达自己的观点、想法与态度。尤其是当自己的想法与其他人不同时,能够坚持自己的想法。

2. 人际交往

幼儿在社会化过程中需要正确处理同伴关系,试图从他人的角度去考虑

---

① 参考了张明红、裘指挥等人对学前儿童社会内容的界定

问题，学会轮流分享、互助合作等能力，掌握与同伴相处的技巧。人际交往能够帮助幼儿获得归属感和对周围环境、任务的正确认识，对其社会认识有着重要帮助。具体包括：(1)培养幼儿乐意与人交往、学习互助、合作和分享，有同情心；(2)培养幼儿关心、理解、尊重他人的能力，掌握基本的交往技能；(3)帮助幼儿能有礼貌地与他人交往，能关注别人的情绪与需要，并能在自己能力范围内提供帮助。

3. 社会适应

适应能力是人类个体在社会生存中不可缺少的一种能力，通常包括两种，即个体对内外环境及其变化的适应和个体对社会环境的适应。幼儿期是幼儿身体迅速成长的时期，也是对外界探索欲望极其强烈的时期，是幼儿对社会不断认知的时期，在这个时期幼儿会对外界的环境有很大的反应。《指南》从幼儿对天气冷热及其变化的适应性、乘坐日常交通工具的适应性、对新环境以及生活的适应性等方面进行阐述。此外，适应能力还包括幼儿对社会的适应，具体指向幼儿对群体的适应、幼儿对交往的适应、幼儿对社会规则的适应、幼儿对社会任务的适应，等等。在综合《幼儿园工作规程》《纲要》《指南》分析的基础上，我们将幼儿社会适应内容分为适应群体、适应交往、适应规则、适应周围环境的突变等经验。

4. 社会规范

幼儿的社会规范是调节幼儿与其他行为主体间关系、规约行为主体参与社会生活的行为准则。幼儿社会规范教育则需要在活动与交往中引导幼儿掌握适宜的道德规范、集体规范与交往规范。包括：(1)初步理解班级规则的意义，能够遵守班级规则、游戏规则，并与同伴协商确定活动规则；(2)认知道德规范与行为准则，如公德意识、环保意识、文明礼貌用语、文明行为规范以及日常卫生习惯等；(3)理解人与环境之间相互依存的关系，培养爱护、保护环境的意识，逐渐萌发社会小公民的意识。

5. 社会环境

幼儿的成长与环境密切相关，社会领域的学习要充分挖掘幼儿所在环境资源。具体内容包括：(1)理解幼儿所生活的特定社会环境，如了解家庭、幼儿园、社区及公共场所等社会环境中特定的物质设施、人物关系、职业角色及行为准则；(2)初步了解家乡的地名、特产、名胜古迹、名人等，萌发喜爱家乡的情感；(3)了解祖国和世界的相关知识，如国名、国旗、国歌和国徽、自然景观、名人、名胜古迹等，萌发喜爱国家和世界的情感；(4)初步了解社会职业和经济，如初步了解有关劳动和利益关系、市场与买卖关系、货币与理财关系等有关社会经济生活的粗浅知识。

6. 归属感

归属感是个人自觉被别人或被团体认可和接纳时的一种感受。归属感是幼儿社会认知中的重要情感，对于幼儿的人际交往有着重要影响，归属感的获得使幼儿具有安全感、舒适感、责任感与成就感。总体来讲，幼儿归属感包括家庭归属感、集体归属感、民族归属感和国家归属感。具体包括：(1)知道和自己一起生活的家庭成员及其与自己的关系，体会到自己是家庭的一员，能感受到家庭生活的温暖，爱父母，亲近与信赖长辈；(2)喜欢自己所在的幼儿园和班级，积极参加集体活动，愿意为集体做事，为集体的成绩感到高兴；(3)能说出自己家所在地的省、市、县（区）名称，知道当地有代表性的物产或景观，能感受到家乡的发展变化并为此感到高兴；(4)知道自己的民族，知道中国是一个多民族的大家庭，各民族之间要互相尊重，团结友爱，知道国家一些重大成就，爱祖国，为自己是中国人感到自豪。

三、学前儿童社会教育原则

学前儿童社会教育原则是幼儿园为实现社会教育目的而制定的包括目标、法则和规则在内的完整体系，是幼儿园实施社会教育必须遵循的一些基本准则和基本要求。它对幼儿园社会教育的有效进行起着指导性作用，对达成幼儿园社会教育目标，提高教育质量，完成教育任务有着重要影响。幼儿园社会教育原则同样也是幼儿社会关键经验获得的准则和保障，为我们明确幼儿园社会教育中哪些行为可为，哪些不可为。

（一）活动性原则

教育本质上看就是一种活动。尤其在幼儿阶段，幼儿的思维特点决定了幼儿必须通过活动来开展社会活动。比起传统的听说式教育方式，活动本身表征的体验、行动，充分调动了幼儿参与的主体性和积极性。在社会教育活动中，应该遵守活动性原则，让幼儿在活动体验中获得对日常生活中有关社会的知识、经验。此外，活动性原则是实现内化教育的重要准则，活动及其引起的幼儿身心结构变化与外界环境变化往往对幼儿的影响是更为深远的，因为幼儿本身就在实践着、内化着，这种内化机制是幼儿成长和关键经验获得的重要途径。鉴于此，幼儿园教师要充分运用活动性原则开展社会教育。一方面，教师要提供科学的示范与生动形象的讲解，让幼儿具备最初的理解和表象；另一方面，教师要提供给幼儿活动实践的机会，在活动中体验交往、社会规范、社会环境等。

（二）渗透性原则

渗透性是全面性的教育观念，强调领域、地域间的相互畅通、相互作用，形成整体、均衡的发展趋势。学前儿童社会教育是幼儿园教育中的一部分，有必要将渗透的理念与方式融合在幼儿园社会教育中。具体来讲，其一是渗透到其他领域中。《纲要》中明确要求：教育活动内容的组织应充分考虑幼儿的学习特点和认识规律，各领域的内容要有机联系，相互渗透，注重综合性、趣味性、活动性，寓教育与生活、游戏之中。比如幼儿家乡归属感方面培养，可以通过儿歌的形式渗透到语言活动中，对家乡特产的认识又可以渗透到科学活动中。其二是一日生活中的渗透。教师要善于发现日常生活中的契机进行社会教育，捕捉促进幼儿社会行为发展的情境。幼儿园社会领域的内容与幼儿日常生活密切相关，幼儿在日常生活中通过不断的体验、练习、学习，逐渐提升社会交往与人际适应能力。在《指南》社会领域中提到幼儿的社会性主要是在日常生活和游戏中通过观察和模仿潜移默化地发展起来的。尤其在教育建议提出：结合社会生活实际，帮助幼儿了解基本行为规则或其他游戏规则，体会规则的重要性，学习自觉遵守规则。例如，“经常和幼儿玩带有规则的游戏，遵守共同约定的游戏规则。利用实际生活情境和图书故事，向幼儿介绍一些必要的社会行为规则，以及为什么要遵守这些规则。在幼儿园的区域活动中，创设情境，让幼儿体会没有规则的不方便，鼓励他们讨论确定规则并自觉遵守。对幼儿表现出的遵守规则的行为要及时肯定，对违规行为给予纠正。如:幼儿主动为老人让座时要表扬;幼儿损害别人的物品或公共物品时要及时制止并主动赔偿”。诸多建议都是幼儿、教师和家长在生活中要采取的措施,充分体现出学前儿童教育内容与日常生活的有机结合。其三是家庭中的渗透。对幼儿的社会教育内容不仅仅要在幼儿园中进行,还需在家庭中进行渗透。家园一致性是幼儿形成幼儿良好行为和习惯的重要保障,只有家园双方的有效配合才会达成学前儿童社会教育的有效性。比如幼儿的同伴交往,教师可以向家长介绍幼儿在幼儿园的发展情况并及时告知家长相关方法,可以让幼儿教育在家庭中延伸开展,这对幼儿的同伴交往能力极有帮助。由此可见,学前儿童社会教育需要多种因素相互作用并有效渗透。

(三)循序渐进性原则

循序渐进性原则是指开展学前儿童社会教育活动的内容、方法要符合幼儿的年龄特点,严格按照系统性和连贯性的要求,使幼儿通过自己的努力能够逐步完成任务,达到社会教育的目的。该原则是建立在教育者对幼儿身体生长的规律、心理变化的趋势、生理机能或能力变化,以及幼儿认知思维变化规律认识的基础上提出来的。学前儿童社会教育需建立在幼儿身心需求与特征基础之上,这就要求教师遵循由易到难、由简到繁、逐渐深化的原则,才能在幼儿身心特点的基础上不断地让幼儿了解社会领域的知识,提升幼儿社会交往能力。学前儿童社会教育内容安排要由易到难,由简到繁。在社会内容安排上先提供给幼儿简单、容易的操作内容,经过学习逐渐加深难度和复杂度,让幼儿有阶梯式的过渡。比如:让幼儿在集体生活中熟悉同伴,并知道与人交往的初步知识,慢慢过渡到在班级中幼儿能够习得协商、轮流、解决冲突等能力。

(四)正面性原则

正面性原则是指在学前儿童社会教育中,充分地利用积极和赏识教育来影响幼儿,使幼儿树立自我意识,形成积极的互动交往能力。幼儿的身心特点决定了幼儿容易受到周围人和环境的影响,幼儿通过模仿来习得能力。因此,坚持正面性原则就显得至关重要。一方面,要为幼儿创设宽容与接纳的环境。蒙台梭利形容幼儿具有强大的吸收心智,环境对幼儿有着重要影响,因此宽容、平等、宽松与接纳的环境对于幼儿就是积极的、正面的影响,幼儿在氛围中习得与他人、外在环境相互作用的能力。另一方面,幼儿的重要他人要树立榜样作用。社会学习理论代表人物班杜拉认为儿童社会行为的习得主要是通过观察、模仿现实生活中重要人物的行为来完成的。家长与教师作为幼儿生活中的重要人物应树立正面形象,并关注自身行为对幼儿的影响。

(五)一致性原则

学前儿童社会教育一致性原则是指教育者应该为幼儿创设连续与统一的环境影响,从而对幼儿的成长产生前后一致的影响。幼儿的社会学习是一个长期系统的过程,外在环境与教育者行为的一致性有利于幼儿内化良好的行为。一方面,教师要言行一致。教师作为幼儿接触最为频繁的重要他人,其一言一行都对幼儿产生重要影响。如果教师的言语或行为要求前后不一致,或者具有冲突性,会对幼儿造成认知冲突,长此以往会造成幼儿在生活中的行为冲突。另一方面,从横向范围来讲,幼儿园有责任协调家庭与社区,为幼儿创造一致性的环境,为幼儿良好的社会行为塑造基础条件。幼儿的社会行为与发展是长期的过程,在这个时期内,周围环境的一致性对幼儿至关重要,家庭、幼儿园、社区作为最关键的环境,应通力合作,在幼儿的社会教育理念与方法层面达成一致,促进幼儿社会性发展与社会适应能力提升。

四、学前儿童社会教育途径

(一)生活活动

学前儿童的社会性发展和教育是一个长期且持续的过程,学前儿童的生活中蕴含着许多社会教育的机会。我国著名教育学家陶行知先生早就提出“生活即教育”的理念,教育的根本意义是生活之变化,生活中无时不含有教育的意义。《纲要》中提出各领域的内容要有机联系,相互渗透,注重综合性、趣味性、生活性、寓教育于生活与游戏中的实施原则,《指南》中也指出幼儿的社会性主要是在日常生活和游戏中通过观察和模仿潜移默化地发展起来的。由此,生活是幼儿社会性发展与教育的重要土壤。生活活动中的社会教育要把握两个层面:一方面是幼儿一日生活各个环节的社会教育。比如,幼儿入园时打招呼等礼貌渗透、幼儿喝水时排队遵守规则、幼儿午睡时不吵闹其他小朋友的集体规范等。另一方面是日常生活中偶发事件的社会教育。

教育具有情境性，尤其在幼儿的班级生活中，有着无限的可能性，诸多教育契机就发生这些偶发事件（如由于玩具缺少而引起的幼儿争抢行为）中，教师要善于把握这些偶发事件，能够灵活有效地处理，促进幼儿社会性发展。

（二）教育活动

专门的教育活动凸显目的性与计划性，是指幼儿园教师根据社会领域的教育目标和幼儿社会性发展的年龄特点，有目的、有计划地对学前儿童进行社会教育的活动。学前儿童社会教育活动包括专门的社会教育活动、社会教育主题活动、各领域的渗透活动。专门的社会教育活动是根据幼儿的身心、年龄特点确定活动目标，围绕目标选择适合的内容，精心设计活动过程与方法，环环相扣、逻辑分明，最后围绕孩子获得的经验进行评价。社会主题活动，指的是在一段时间内围绕一个中心内容即主题来组织的教育教学活动。它打破了学科之间的界限，将各种学习内容围绕一个中心或主题有机地结合起来，让学习者通过该单元活动的学习，能够获得与主题有关的较为完整的、有联系的经验。此外，还有一些社会教育活动是渗透在其他领域的教育活动之中的，比如，在“你是我的好朋友”的语言活动中渗透社会领域中的交往经验，在“有趣的交通路线”的科学活动中渗透社会领域中的社会规范，在“我长大了”的美术活动中渗透社会领域中幼儿对自我的认识。社会领域是贯穿整个学前教育的重要领域，能够在各领域有机渗透，才能达到更好的教育效果。

（三）游戏活动

游戏是学前儿童的基本活动，强调游戏对于儿童早期学习和发展的重要性，以及让幼儿在游戏中学习与发展的观念已成为幼儿教育的重要原则。游戏能够使幼儿积极主动地与周围环境相互作用，能够最大限度地唤起幼儿的活动兴趣，幼儿在游戏中探索、发现、思考、积极主动地建构自己的经验。游戏能够为幼儿的主动学习和经验建构提供一种具有“发展适宜性”的游戏生态。这种生态能够为幼儿提供创新的活动经验，能够整合幼儿的娱乐需要与学习兴趣。由此，游戏作为幼儿重要的活动，也是幼儿社会领域学习的重要途径。比如，在游戏中幼儿学会遵守规则，习得人与人交往的技能（包括：商量、沟通、分享、轮流、帮助等），同时幼儿在游戏情境中所获得社会规范，游戏中的角色理解，都是社会领域学习的重要内容。

(四)其他活动

1. 区域活动

区域活动是教育者以幼儿感兴趣的活动材料和活动类型为依据,将活动室的空间相对划分为不同区域,让幼儿自主选择活动区域,在其中通过与材料、环境、同伴的充分互动而获得学习与发展的一种活动。区域活动是幼儿自主选择的活动,幼儿通过操作、交往等方式进行多感官地参与学习,能够极大地满足幼儿的兴趣与需求。比如,幼儿园的“娃娃家”能够通过材料和情境创设提供给孩子活动空间,体验家庭角色与社会角色,同时在区域活动中让幼儿掌握社会规范与要求。此外,幼儿园根据本园的实际情况还可以开展诸多具有社会领域核心经验的区域活动。比如围绕自我教育开展“我长大了”的区域活动、围绕幼儿归属感开展“我的社区”区域活动,等等。

2. 家园共育

学前儿童社会教育仅仅依靠幼儿园是无法完成的,家庭作为幼儿接触的第一个小社会,对幼儿的社会教育有着重要影响。因此,在学前儿童社会教育中不能忽略家园共育这个途径。幼儿园教师要及时与家长沟通,否则会出现幼儿在幼儿园社会教育与在家庭接受的社会教育不一致的情况,会造成幼儿认知、行为、习惯的冲突。教师要采取有效的策略及时与家长沟通,并使家长的教育观念和态度与幼儿园一致。同时,幼儿园要充分挖掘和利用家长资源,让家长更深入、更系统地参与到幼儿园的社会教育中,从而更加认同幼儿园的做法。

五、学前儿童社会教育方法

(一)榜样示范法

学前期的儿童爱模仿周边具体、生动、形象的事物,多本领的人物都极易成为学前儿童模仿的对象。根据幼儿这一身心特点,在学前儿童社会教育中,教师要善于运用好的事件、人物、形象来树立榜样,感染幼儿,形成良好的社会品质。教师要有意识捕捉对幼儿社会发展有影响的榜样。首先,教师自身就具有榜样作用。作为幼儿成长中的重要他人，教师的一言一行都对幼儿的社会发展产生影响，由此，教师要注意自身的言行，严格要求自己，注意与幼儿交往时的语言、动作与表情，通过自身的榜样作用培养幼儿良好的社会品质。其次，关注同伴影响。幼儿与幼儿由于经验、能力的相似性，更容易成为相互模仿的对象。在班级生活中，幼儿通过同伴之间的交换、轮流、分享等行为的模仿也可获得社会领域的关键信息，促进幼儿社会性发展。最后，幼儿周围的模范人物。模范人物的榜样作用应基于幼儿已有的生活经验，才会产生榜样示范效果。

拓展阅读

班杜拉社会学习理论中的观察模仿学习

社会学习理论是由美国心理学家阿尔伯特·班杜拉于1971年提出的。它着眼于观察学习在引发人的行为中的作用，重视人的行为和环境的相互作用。班杜拉认为，人的行为的习得既受遗传因素和生理因素的制约，又受后天经验环境的影响。生理因素的影响和后天经验的影响在决定行为上微妙地交织在一起，很难将两者分开。班杜拉认为观察学习的全过程由四个阶段（或四个子过程）构成：注意过程、保持过程、再现过程、动机过程。注意过程是观察学习的起始环节，在注意过程中，示范者行动本身的特征、观察者本人的认知特征以及观察者和示范者之间的关系等诸多因素影响着学习的效果。在观察学习的保持阶段，示范者虽然不再出现，但他的行为仍给观察者以影响。要使示范行为在记忆中保持，需要把示范行为以符号的形式表象化。通过符号这一媒介，短暂的榜样示范就能够被保持在长时记忆中。观察学习的第三个阶段是把记忆中的符号和表象转换成适当的行为，即再现以前所观察到的示范行为。这一过程涉及运动再生的认知组织和根据信息反馈对行为的调整等一系列认知和行为的操作。能够再现示范行为之后，观察学习者（或模仿者）是否能够经常表现出示范行为要受到行为结果因素的影响。行为结果包括外部强化、自我强化和替代性强化。班杜拉把这三种强化作用看成是学习者再现示范行为的动机力量。由此，学期儿童的观察与模仿是其重要的学习方式。

(二)谈话法

谈话法是指在学前儿童社会教育中，教师与幼儿通过对话、讨论的方式对幼儿进行社会教育的一种方法。谈话法是教师以间接的方式对幼儿社会发展产生影响，一方面，有效的谈话法能够激发幼儿的动机，让幼儿关注有趣的社会领域问题；另一方面，谈话法能够促进幼儿语言表达和思维能力发展。值得注意的是，幼儿的思维处于具体形象阶段，过于抽象的主题会造成幼儿不解，也无从开展谈话与讨论。为此，教师的谈话话题要具体、明确且形象，避免抽象。谈话的话题应该是幼儿已有经验中具备的，而不是脱离幼儿生活的。必要时，在谈话法进行时，教师要结合生动的形象和规范的动作，让幼儿更加容易接受与理解，从而更好地参与谈话与讨论。

(三)角色扮演法

角色扮演法是幼儿通过扮演角色，通过模仿、想象、创造性地反映现实生活中情境的方法。幼儿需要设身处地去扮演另一个在实际生活情景中不属于自己的角色，从而形成角色所需要的经验与能力。由此，在社会教育活动中，教师通过情境的创设，为幼儿提供角色扮演的机会，从而在角色中体验社会规范，遵守社会行为。在角色扮演中，幼儿需要体验他人的角色、感受他人的感受与处境，从而有助于利他行为的产生，促进幼儿社会性发展。在社会领域中，为了更好地贯彻角色扮演法，教师应该创设幼儿熟悉的情境，这样能够保证幼儿尽快地融入情境，感受角色。角色的选择要具有针对性，适合幼儿的年龄特点，符合幼儿已有的经验。

(四)行为练习法

行为练习法是指教师在学前儿童社会教育过程中，组织幼儿按正确的社会行为规范自己，通过参加各种活动和交往受到实际锻炼，以形成儿童良好的社会行为习惯的方法。[①]行为练习法的理念基础来源于行为主义，着重关

① 付立芳.学前儿童社会教育[M].杭州:浙江工商大学出版社,2016.

注幼儿行为通过练习得到强化，值得注意的是，幼儿的行为练习与情境、生活相结合的，并不是机械的强化练习。比如：教师可以为幼儿创设游戏情境进行行为练习，也可以在生活中通过社会活动、整理玩具、入园离园的礼貌引导、如厕的行为习惯、进餐的行为习惯来进行行为练习。幼儿通过适应的方式进行行为练习，习得良好的行为习惯、人际交往能力，从而逐渐形成社会化发展。

【小结】

本章主要介绍了两个部分的内容：第一部分主要阐述了学前期是儿童社会性发展的关键期的思想，学前儿童社会教育的内涵及其重要意义。第二部分分别从学前儿童社会教育目标、内容、原则、途经、方法五个层面概括学前儿童社会教育的框架。其中学前儿童社会教育目标从总目标、阶段目标、活动目标进行分析；学前儿童社会教育内容则包括自我意识、人际交往、社会适应、社会规范、社会环境与归属感教育；学前儿童社会教育原则包括活动性原则、渗透性原则、循序渐进性原则、正面性原则、一致性原则；学前儿童社会教育途经主要有生活活动、教育活动、游戏活动、区域活动与家园共育；学前儿童社会教育的方法主要包括榜样示范法、谈话法、角色扮演法与行为练习法。

真题解析

试论述如何在一日生活中实现社会领域的教育目标？

【答案】《纲要》中明确规定了社会领域的教育目标如下：

能主动地参与各项活动，有自信心；乐意与人交往，学习互助、合作和分享，有同情心；理解并遵守日常生活中基本的社会行为规则；能努力做好力所能及的事，不怕困难，有初步的责任感；爱父母、长辈、老师和同伴，爱集体、爱家乡、爱祖国。

1.内容与要求

(1)引导幼儿参加各种集体活动,体验与教师、同伴等共同生活的乐趣,帮助他们正确认识自己和他人,养成对他人、社会亲近与合作的态度,学习初步的人际交往技能。

(2)为每个幼儿提供表现自己长处和获得成功的机会,增强其自尊心和自信心。

(3)提供自由活动的机会,支持幼儿自主地选择、计划活动,鼓励他们通过多方面的努力解决问题,不轻易放弃克服困难的尝试。

(4)在共同的生活和活动中,以多种方式引导幼儿认识、体验并理解基本的社会行为规则,学习自律和尊重他人。

(5)教育幼儿爱护玩具和其他物品,爱护公物和公共环境。

(6)与家庭、社区合作,引导幼儿了解自己的亲人以及与自己生活有关的各行各业人们的劳动,培养其对劳动者的热爱和对劳动成果的尊重。

(7)充分利用社会资源,引导幼儿实际感受祖国文化的丰富与优秀,感受家乡的变化和发展,激发幼儿爱家乡、爱祖国的情感。

(8)适当向幼儿介绍我国各民族和世界其他国家、民族的文化,使其感知人类文化的多样性和差异性,培养理解、尊重、平等的态度。

2.指导要点

(1)社会领域的教育具有潜移默化的特点。幼儿社会态度和社会情感的培养尤应渗透在多种活动和一日生活的各个环节之中,要创设一个能使幼儿感受到接纳、关爱和支持的良好环境,避免单一呆板的言语说教。

(2)幼儿与成人、同伴之间的共同生活、交往、探索、游戏等,是其社会学习的重要途径。应为幼儿提供人际间相互交往和共同活动的机会和条件,并加以指导。

(3)社会学习是一个漫长的积累过程,需要幼儿园、家庭和社会密切合作,协调一致,共同促进幼儿良好社会性品质的形成。

思考与练习

1. 学前儿童社会教育的内容分类有哪些?

2. 学前儿童社会教育的途径包括哪些?

3. 具体分析学前儿童社会教育的渗透性原则。

第 2 章

学前儿童的自我意识发展与活动指导

幼儿苏阳，今年4岁了，有一天在幼儿园因为动手打了某个小朋友，没有拿到小红花，而其他小朋友都拿到了小红花。当天爸爸来接时，他一直不肯回家，非要拿到小红花才肯离园。经过幼儿园老师和爸爸的劝说，终于明白了其中的道理。从第二天开始，他自觉控制自己的行为，每天都要问老师：“我今天表现得好吗？”。有一天，老师说他有进步，就奖励了他一朵小红花，苏阳高兴极了。

提问：

1. 是哪些因素促进了苏阳的自我评价发生变化？

2. 学前儿童的自我意识发展包括哪些方面？

（资料来源：https：//wenku.baidu.com/view/7ada9013f90f76c661371aea.html？ from=search）

【学习目标】

1. 了解自我意识、自我评价、自我体验、自我调节等概念。
2. 掌握促进学前儿童自我意识发展的策略。
3. 掌握学前儿童自我意识发展的活动设计与指导。

【学习重难点】

1. 学前儿童自我意识的三个方面。
2. 学前儿童自我意识发展的活动设计流程。

【知识结构图】

- **学前儿童的自我意识发展与活动指导**
  - 学前儿童自我意识发展及影响因素
    - 自我意识的概念及结构
    - 自我意识的形成
    - 学前儿童自我意识的发展
  - 促进学前儿童自我意识发展的策略
    - 学前儿童自我评价培养的策略
    - 学前儿童自我体验能力发展的策略
    - 学前儿童自控能力发展的策略
  - 学前儿童自我意识发展的活动设计与指导
    - 学前儿童自我意识发展的目标
    - 学前儿童自我意识发展的内容
    - 学前儿童自我意识发展的教学方法
    - 学前儿童自我意识发展的活动设计基本原则
    - 学前儿童自我意识发展的活动设计流程
    - 活动方案设计案例

第一节
学前儿童自我意识发展及影响因素

一、自我意识的概念及结构

在现实生活中，如果留意生活中的语言，你会常常听到："我今天情绪比较低落""我认为我办事能力不错""我认为我能胜任这个工作"，等等。这种关于个体对自己态度和所作所为的看法，就是自我意识。心理学中，通常将自我意识理解为人对自己及自己与客观世界关系的认识。

自我意识的结构是从自我意识的三层次，即知、情、意三方面分析的，是由自我认知、自我体验和自我调节（或自我控制）三个子系统构成。

二、自我意识的形成

新生儿并不具有自我意识。孩子出生下来的很长一段时间，只会观察、认识外部世界，而没有对自我的认识。儿童自我意识的发展有个过程。

1岁前的婴儿不能把自己作为一个主体同周围的客体区别开，甚至不知道手脚是自己身体的一部分，因而常常可以看到七八个月的孩子咬自己的手指、脚趾，有时会把自己咬疼而哭叫起来。1岁左右的婴儿才意识到自己的手指与脚趾是自己身体的一部分，这是自我意识的最初级阶段。

【知识链接】

点红实验是阿姆斯特丹为验证婴幼儿自我意识的发展设计的。

实验过程：实验者在88名3～24个月的婴幼儿鼻子上点一红点，然后观察他们照镜子时的反应，并对其中2名12个月的婴幼儿做追踪研究。实验结果：15～24个月的婴幼儿会对着镜子观看自己的身体，并对着镜子触摸自己的鼻子。

说明这一阶段的婴幼儿的自我意识开始萌芽，他们开始意识到自己作为一个独立的个体存在，而这对于幼儿的发展具有革命性的意义，在此基础上，婴幼儿开始真正意义上地探索自身和周围世界。①

1岁半左右的幼儿，从成人那里学会使用自己的名字，表明他们能把自己和别人相区别。幼儿会使用自己的名字，是自我意识发展中的巨大飞跃。

2岁以后的幼儿，掌握了代名词"我"，是儿童自我意识萌芽的最重要标志。这个年龄的孩子经常说"我的"，开始不让别人动自己的东西。经过一段时间以后，孩子逐渐会较准确地使用"我"这个词来表达自己的愿望。这标志着儿童真正的自我意识的出现。

童年期儿童随着年龄的增长、认识能力的提高，自我评价出现了新的飞跃，乃至之后进入少年期、青年期，自我意识内容不断丰富，形式也日益复杂，直至达到成人成熟的自我意识水平。

三、学前儿童自我意识的发展

（一）自我认识的发展

自我意识的对象包括自己的身体、自己的行动、自己的心理活动。

1. 对自己身体的认识

儿童认识自己，需要经过一个比认识外界事物更为复杂、更为长久的过程。儿童最初不能意识到自己，不能把自己作为主体去同周围的客体区分开来。

① 张明红. 学前儿童社会教育活动与指导[M]. 上海：华东师范大学出版社，2014.

几个月的婴儿甚至不能意识到自己身体的存在，不知道自己身体的各个部分是属于自己的。

随着认识能力的发展和成人的教育，1岁左右，婴儿逐渐认识自己身体各个部分。但是，1岁孩子还不能明确区分自己身体的各种器官和别人身体的器官。例如，当妈妈抱着孩子问他的鼻子在哪里时，孩子用手摸摸自己的鼻子，又立即去摸妈妈的鼻子。

婴儿对自己的面貌和整个形象的认识，也要经过一个较长的过程。最初婴儿在镜子里发现自己时，总是把镜中的形象作为别的孩子来认识。至于对自己的影子，儿童认识更晚。

对于自己身体内部状态的意识，是在2岁左右才开始发生的，比如说“宝宝饿”是最初的表现。婴儿很长时间内不能把自己的名字和自己的身体相联系。八九个月时，当成人用他的名字问“××在哪里”时，儿童能用微笑或动作做出正确的回答。但直到3岁左右，儿童还倾向用名字称呼自己，而不是代名词“我”，似乎是把自己和自己以外的人或物同等对待。

2. 对自己行为的认识

动作的发展是儿童产生对自己行动的意识的前提条件。1岁左右，婴儿通过偶然性的动作逐渐能够把自己的动作和动作的对象区分开来，并且体会自己的动作和物体的关系。比如，婴儿无意识中碰到了小汽车，小汽车就向前移动，婴儿从这里似乎感受到自己的存在和力量。之后，婴儿便主动去推小汽车，用手去拍打东西，嘴里还叨念“宝宝打打”。

3. 对自己心理活动的认识

对自己内心活动的意识，比对自己的身体和动作的意识更为困难。因为自己身体是看得见、摸得着的，自己的行动也是具体可见的，而内心活动则是看不见的。对内心活动的意识需要较高一些的思维发展水平。

儿童从3岁左右开始出现对自己内心活动的意识。4岁以后，开始比较清楚地意识到自己的认识活动、语言、情感和行为。他们开始知道怎么去注意、观察、记忆和思维。但是，学前儿童往往只停留在意识心理活动的结果，而意识不到心理活动的过程。

学前儿童自我意识的发展主要表现在自我评价、自我体验及自我控制的发展三个方面，其中以自我评价为主导标志。

（二）自我评价的发展

自我评价是自我意识的一种形式，是主体对自己思想、愿望、行为和个性特点的判断和评价。自我评价是自我教育的重要条件，也是自我教育、自我完善的重要途径之一。

学前儿童自我评价的发展有以下特点：

1. 从依赖成人的评价到自己独立评价

在生活中，经常会发现学前儿童会重复成人对自己的评价，如“妈妈说我是好宝宝”“老师说我是好学生”等。这是由于学前儿童初期还没有形成独立的自我评价，他们往往依赖于成人对自己的评价。在学前儿童后期，儿童开始出现独立的自我评价。在这个阶段，作为教师应该注意自己对儿童的评价应该具体化，如指出儿童哪些方面做得比较好，哪些方面有待改进，不能简单笼统地评价为“你真聪明”“你真是个好孩子”。让儿童了解自我评价的依据，并形成积极的自我评价。

2. 从对个别方面的评价到对多方面的评价

4岁时的儿童有一半以上可以进行自我评价，但主要是从个别方面来评价自己的。如，“我是个好孩子，是因为我在家帮妈妈打扫卫生。”“我是个好孩子，是因为我在幼儿园不违反纪律。”随着年龄的增长，学前儿童开始进行多方面的评价。在这个阶段，作为教师应该引导儿童进行多方面的评价，促进儿童形成多维度的概念，提高幼儿自我评价的深度。

3. 从比较笼统的评价到比较细致的评价

学前儿童自我评价经历了从比较笼统的评价，如“我真棒”“我很厉害”等，逐步到比较细致的评价，如“我为什么棒”“我为什么厉害”。在这个阶段，作为教师应该丰富幼儿的评价语言，促进学前儿童自我评价语言的丰富性。

4. 从具有强烈的感情色彩的评价到比较客观的评价

学前儿童初期往往不从具体的事实出发，而从情绪出发进行自我评价。如在手工课时，问哪位小朋友的手工漂亮，绝大多数的孩子会说自己的漂亮，而事实并非如此。幼儿一般都过高评价自己，随着年龄的增长，自我评价逐渐趋向于客观。在这个阶段，教师要善于引导幼儿做出客观评价，过高或者过低的评价都是有害的。

（三）自我体验的发展

自我体验是一个人通过自我的评价和活动产生的一种情感上的状态，如自尊心、自信心、羞愧感等。

学前儿童自我体验的发展有以下特点：

1. 自我体验由低级向高级发展，由生理性体验向社会性体验发展

学前儿童的愉快和愤怒是生理需要的表现，委屈、自尊和羞愧是社会性体验的表现。前者发展较早，后者发展较晚，约4岁以后明显发展。

2. 自我体验发展水平不断深化

学前儿童的各种自我体验随着年龄增长而发展，其发展水平不断深化。如对愤怒感的情绪体验，3～6岁儿童会有不同的体验程度，从“会哭”“不高兴”“会生气”到“很生气”“很恨他”这个变化过程，可以看出，幼儿体验的深刻性在逐渐发展。

3. 自我体验的受暗示性

在学前儿童自我体验的产生中，成人暗示起着重要作用，年龄越小表现越明显。如问小朋友，如果你做捂眼睛贴鼻子游戏时，你私自拉下毛巾，被老师看见，你会觉得怎样？3岁组儿童只有3.33%的人有自我体验，而在有暗示时（你做了错事觉得难为情吗？）有26.67%的人有自我体验。此研究结果对幼儿教育有重要意义。教师和家长应该充分注意幼儿受暗示性强的特点，多采用积极的暗示促进幼儿良好道德情感的发展；同时，要注意避免消极暗示对幼儿行为的不良影响。

（四）自我控制的发展

自我控制是指在目标受阻时，个体抑制其行为或改变行为发生的能力。初生幼儿是基本没有自我控制和自我调节能力的。这时几乎完全受冲动和欲望的影响，因此很难长时间地进行同一种活动，也不能控制自己的欲望和

情感，更不能抑制自己去等待那些令人高兴的事。从三岁开始，幼儿开始“闹独立”，什么事都想自己来，这是幼儿独立性发展的表现。随着年龄的发展，幼儿的独立性越来越强，可以自己做很多事情；幼儿的坚持性和自己控制自己的能力到五六岁有较大的发展。

【知识链接】

科普(kopp)认为，在幼儿早期，幼儿自我控制和自我调节能力的发展要经历五个重要阶段。在每一个发展阶段中，幼儿的身心机能都发生着一些质的变化，这些变化又是幼儿更高水平的自我控制行为的基础。

第一阶段属于神经生理调节阶段。在这一阶段，幼儿的生理机制保护着幼儿免受过强刺激的伤害。例如，他们通过自我吮吸以降低他们自我的唤醒水平和减少身体活动，达到自我安慰的目的。

第二阶段属于知觉运动调节阶段。在这一阶段，幼儿能从事一些自发的活动，并能根据环境的变化来调节自己的活动。例如，这一阶段的幼儿能够伸出手去抓物体或人。

第三阶段属于外部控制阶段(1岁左右)。在这一阶段，幼儿能够使自己的行为服从控制者的命令。幼儿行为中的有意成分在增强，行为开始具有目标导向性。幼儿开始能够行走，对身体机能的意识随之增强，其自我日益从周围世界中分化出来，随着记忆能力的提高，幼儿开始能够识别出(或再认出)照看者的要求，并抑制自己的行为。

第四阶段属于自我控制阶段。在2岁左右，幼儿的自我控制能力逐渐发展起来。在自我控制阶段，幼儿的心理表征能力开始发展起来，他们能够运用符号来代表物体，当物体不在眼前时能回忆并记忆物体的形象。这使得幼儿能够在没有外界监控的情况下服从照看者的要求，并根据他人的要求延缓自己的行为。

第五阶段属于自我调节阶段。在这一阶段，幼儿获得了关于自我统一性和连续性的认识，开始把自己的行为与照看者的要求联系起来。①

真题解析

1. 两岁半的豆豆还不会自己吃饭，可偏要自己吃；不会穿衣，偏要自己穿。这反映了幼儿（　　）。

A. 情绪的发展

B. 动作的发展

C. 自我意识的发展

D. 认知的发展

【答案】 C。

2. 幼儿如果能够认识到他们的性别不会随着年龄的增长而发生改变，说明他已经具有（　　）的概念。

A. 性别倾向性

B. 性别差异性

C. 性别独特性

D. 性别稳定性

【答案】 D。性别稳定性是对自己的性别不随其年龄、情境等的变化而改变这一特征的认识。儿童的性别稳定性一般在3～4岁的时候开始出现了。

① 白丽辉，齐桂林. 学前心理学[M]. 南京：东南大学出版社，2015.

第二节 促进学前儿童自我意识发展的策略

学前儿童自我意识的发展主要表现在自我评价、自我体验及自我控制的发展三个方面，因此本节重点从这三个方面分析其途径与方法。

一、学前儿童自我评价培养的策略

自我评价的发展对学前儿童良好个性的形成、心理的健康发展，以及生活适应和良好人际关系的建立都具有十分重要的意义。学前儿童正确地评价自己，才能知道自己的长处和短处，找到适合自己的游戏和生活方式，扬长避短，自信地生活，从而得到他人的认同，发展良好的人际关系。

（一）帮助学前儿童形成正确的归因

在如今的教育中十分推崇赏识教育，许多家长和教师认为“好孩子是夸出来的”，她们认为只有不断夸奖孩子，孩子才会建立自信，才会产生兴趣，才会有成就感，才会更加努力。一时间“你真棒”“你真聪明”“你真能干”成为家长与教师的口头禅。然而，对类似奖励的滥用则有可能使学前儿童形成不当的归因方式，将成功或失败简单地归因于是否聪明。成绩相对好的学前儿童可能会认为自己很“聪明”，无须努力或忽视自身努力的因素；而发展相对落后的学前儿童可能会形成“我很笨”的自我评价和判断，并以此为自己懒惰懈怠的理由。这些都不利于学前儿童客观地评价自己和全面地认识他人，不利于学前儿童的成长和进步。

【知识链接】

韦纳从个体的归因过程出发，探求个体对成败结果的归因与成就行为的关系，对影响行为结果的原因特性、原因结构以及原因归因和情感的关系、情感反应的激励作用等都提出了创造性的见解。他认为每个人都力求解释自己的行为，分析其行为结果的原因。无论是成功还是失败，一个人在分析其根由时，主要有三个维度与六个因素。三维度与六因素的结合见下表：

	稳定性		内/外在性		可控性	
	稳定	不稳定	内在	外在	可控	不可控
能力高低	+		+			+
努力程度		+	+		+	
任务难度	+			+		+
运气好坏		+		+		+
身心状况		+	+			+
外界环境		+		+		+

百度百科（https://wapbaike.baidu.com/item/%E9%9F%A6%E7%BA%B3%E7%9A%84%E5%BD%92%E5%9B%A0%E7%90%86%E8%AE%BA/）

（二）应该帮助学前儿童形成正确的自我评价

在学前时期，幼儿的自我评价很大程度上依从于成人对其的期待与评价，正如“罗森塔尔效应”一样。因此，给幼儿一些正面的评价，能够让孩子接受自己，从而在活动中敢于尝试，充满自信。如果儿童腼腆、不敢尝试，在游戏中容易放弃，看到其他小朋友游戏时想加入却总站在一旁看，那么，多给予鼓励性评价是必要的。

【知识链接】

罗森塔尔效应，亦称“皮格马利翁效应”“人际期望效应”，是一种社会心理效应，指的是教师对学生的殷切希望能戏剧性地达到预期效果的现象。1968年的一天，美国心理学家罗森塔尔和L.雅各布森来到一所小学，说要进行7项实验。他们从一至六年级各选了3个班，对这18个班的学生进行了“未来发展趋势测验”。之后，罗森塔尔以赞许的口吻将一份“最有发展前途者”的名单交给了校长和相关老师，并叮嘱他们务必要保密，以免影响实验的正确性。其实，罗森塔尔撒了一个“权威性谎言”，因为名单上的学生是随便挑选出来的。8个月后，罗森塔尔和助手们对那18个班级的学生进行复试，结果奇迹出现了：凡是上了名单的学生，个个成绩有了较大的进步，且性格活泼开朗，自信心强，求知欲旺盛，更乐于和别人打交道。实验者认为，教师应收到实验者的暗示，不仅对名单上的学生抱有更高期望，而且有意无意地通过态度、表情、体谅和给予更多提问、辅导、赞许等，将隐含的期望传递给这些学生，学生则给老师以积极的反馈；这种反馈又激起老师更大的教育热情，维持其原有期望，并对这些学生给予更多关照。如此循环往复，以致这些学生的智力、学业成绩以及社会行为朝着教师期望的方向靠拢，使期望成为现实。①

（三）引导、鼓励幼儿自己评价自己

幼儿的自我评价是从不断的自我评价实践中获得的。教师与幼儿在一起的时候，可以问问孩子今天都做了什么，表现得怎么样，鼓励孩子进行思考、评价自己。如，教师可以通过设计“认识自己”的教育活动，锻炼幼儿评价自己的能力，促进幼儿自我评价能力的提高。

二、学前儿童自我体验能力发展的策略

（一）满足学前儿童需要，让学前儿童体验真情

父母是孩子最重要的交往对象，他们对学前儿童进行细心的照料，就会

① 饶淑园.幼儿心理健康与指导[M].北京：高等教育出版社，2016.

让幼儿体验到关爱与真情，从而与父母建立依恋关系。幼儿教师在园期间应该用心对待儿童，满足儿童生理与心理的需要，让幼儿体验到自己是受欢迎的，促进幼儿自我体验能力的发展。

（二）给儿童自我实现和成功体验的机会，培养其自信心

充分、自由地表达与表现，是个体获得成功的重要体验，是培养儿童自信心的重要途径。成人在组织儿童开展各种活动时，要对不同发展水平的儿童设置不同的目标，使每个儿童经过努力都能在原有水平上得到发展，获得不同程度的成功体验，增强儿童的自信心。

三、学前儿童自控能力发展的策略

学前儿童自控能力的发展，主要受环境和教育因素的影响。因此，培养学前儿童自控能力发展的基本要素包括让儿童理解自己控制的目标、规则；家长及教师对儿童讲解目标、规则，表扬、奖励儿童，正确地评价儿童以及给予儿童积极的言语指导；家庭及幼儿园给儿童提供有趣味性和规则性的外部活动环境。

【知识链接】

陈杭的研究认为有以下几个影响自控能力的主要因素：1. 生理因素。生理学方面的研究证明，个体自我控制的形成和发展与神经系统的发育有着密不可分的联系。大脑皮质抑制机能的成熟是人对自身生理进行调节和控制的前提。对于婴幼儿来说，因为他们的大脑皮质的抑制机能尚处于刚发育的阶段，兴奋的感觉占优势，所以幼儿的行为往往带有很强的冲动性，容易大哭大闹、发怒或者突然开怀大笑。2. 认知发展。幼儿自我控制能力的形成，其前提条件是幼儿具有一定的自我控制意识，也就是让幼儿认识到应该自己管住自己的行为和思想。人的自我控制意识的大小和他对身体和智力的发展限制，幼儿的认知水平十分有限，这也是他们自控能力发展水平较低的一个

客观因素。3.家庭教养方式。中国家长对幼儿的照顾和关爱都超过了正常的度，达到了宠爱和溺爱的程度。即使幼儿已经到了可以自己做一些事的年龄，如吃饭、穿衣等，家长还会尽力地为其做好这些事情，唯恐孩子做不好或者累着孩子。这样就使得孩子形成依赖家长的习惯，做事情没有主见，且养成容易冲动的坏脾气。[①]

① 陈杭.提高幼儿自控能力初探[J].学园,2011(12).

第三节 学前儿童自我意识发展的活动设计与指导

开展专门的学前儿童自我意识的课程是促进学前儿童自我意识发展的重要途径,是学前儿童社会性发展的最重要和最直接的形式。与其他形式的活动相比,学前儿童自我意识的课程具有目的性、连续性和系统性等特点。下面介绍学前儿童自我意识发展课程的设计与教学方法。

一、学前儿童自我意识发展的目标

课程目标是课程设计的起点,决定着课程设计的方向和内容。学前儿童自我意识课程的目标应该根据学前儿童教育的总目标和学前儿童心理发展水平来确定,包括自我认知、自我体验、自我控制方面的目标,具体地说,可以归纳为以下几个方面。

(一)小班(3~4岁)自我意识教育的目标

自我认识:认识自己,知道自己的姓名、年龄、性别;知道自己与家庭成员的关系。

自我评价:知道自己与别人不同。

自我体验:了解自己的情绪,初步感知成人对自己的关爱;能用语言表达自己的需要和情感;具有初步的自信心。

自我调节:学会自己选择活动内容,遇到困难、挫折不害怕,会寻求帮助;学会做自己能做的事;初步学会合理表达自己的情绪。

(二)中班(4~5岁)自我意识教育的目标

自我认识:认识自己与别人的不同。

自我评价:初步学会简单地评价自己和他人的行为。

自我体验:具有初步的自尊心和责任感;有同情心,愿意为有需要的人提供帮助。

自我调节:能主动表达自己的想法和感受,具有基本控制自己情绪和行为的能力;遇到困难,能努力克服。

(三)大班(5~6岁)自我意识教育的目标

自我认识:勇于承认自己的缺点,能努力去改变。

自我评价:学会评价自己和他人的行为。

自我体验:具有一定的自尊心和自信心;具有较强的责任感。

自我调节:初步学会明辨是非,懂得应该学习好榜样,远离不良行为;能够比较自觉地控制自己的情绪和行为;学会独立解决日常生活中自己能够解决的困难。

二、学前儿童自我意识发展的内容

(一)小班(3~4岁)自我意识教育的内容

自我认识:认识自己身体主要部位的基本特征和主要功能,能说出自己的姓名、年龄和性别;知道和自己一起生活的家庭成员与自己的关系,体会到自己是家庭中的一员。

自我评价:意识到自己与别人的不同。

自我体验:感受到父母对自己的关爱,懂得感恩;了解自己的情绪反应;能在集体面前大胆讲话,既不害羞,又能说得清楚;感受自己独立做事的快乐与满足,体验自尊和自信。

自我调节:明白自己有些事情暂时不会做,可以求助,但不提出无理要求,更不哭闹,也不发脾气;学习向他人寻求帮助的方式和方法,自己遇到困难或麻烦时,会主动、有礼貌地请求别人的帮助;初步懂得应该做自己力所能及的事情,不依赖别人,逐步学会自己吃饭、喝水、脱衣、睡觉、刷牙、洗脸、如厕等，具有初步的生活自理能力；学会向老师或同伴表达自己的需要和情感；知道人都会有高兴、生气、悲伤等情绪反应，是正常现象，学会用合理的方式表达出来。

（二）中班（4~5岁）自我意识教育的内容

自我认识：意识到自己与别人有不同的兴趣、爱好和想法，能够大胆地用语言表达自己的想法和感受。

自我评价：学会客观评价自己和他人，知道每个人都有优点和缺点，可以互相学习。

自我体验：愿意承担老师安排的任务，初步形成责任感；对自己有认同感，有一定的自尊心和自信心；留意、关注自己和别人的情绪，能主动关心和安慰别人，有同情心。

自我调节：能主动表达自己的想法和感受，并在成人的引导下，学会控制自己的情绪和行为，不影响或妨碍同伴的活动；学做值日生，认真完成各项任务，对自己的行为负责，愿意承担责任；学会自主安排活动内容和选择同伴，能按自己的想法进行游戏或其他活动；遇到困难不放弃，努力寻找解决的方法，并有一定的坚持性。

（三）大班（5~6岁）自我意识教育的内容

自我认识：认识自己能力和特长，勇于承认自己的缺点，能努力去改变。

自我评价：学会评价自己和他人的行为，能分辨某些行为的对与错，做错事能承认，并愿意改正。

自我体验：尝试实现自己的想法、愿望和活动计划，体验成功的快乐，有成就感；敢于在大家面前表现自己，有自信心；面对挫折不气馁，努力寻求改变；做了好事或取得了成功后还想做得更好；明确自己的任务，做事认真，有始有终，有责任感。

自我调节：初步学会明辨是非，懂得应该学习好榜样，远离不良行为；尝试独立完成任务，遇到困难能够坚持，而不轻易求助；学习控制自己的欲望和情绪，遇到不顺心的事或挫折，能安慰自己，调节自己的心态，控制自己的行为；初步明白自己的成长与成人为之付出的劳动密切相关，能够为班集体和父母做一些力所能及的事，如擦桌椅、扫地、整理房间等；能主动发起活动或在活动中出主意、想办法。

三、学前儿童自我意识发展的教学方法

学前儿童自我意识发展的教学方法主要有练习法、情景表演法、游戏法、角色扮演法、讨论法、讲解法等。考虑到学前儿童身心发展的特点，主要采用如下教学方法。

（一）游戏法

游戏法是指以游戏的形式组织学前儿童进行锻炼的方法，是学前儿童教育最主要的方法之一。这种方法能将学前儿童难以理解或枯燥的动作和身体素质等练习变成有趣的模仿活动或具体的游戏情节，提高他们练习的兴趣，是学前儿童最喜欢的活动。

（二）角色扮演法

角色扮演法是一种设定某种情境与题材，让学前儿童扮演一定的角色，通过行为模仿或行为替代来影响学前儿童心理过程的方法。结合教育内容，让学前儿童扮演活动中的角色，进行现场表演，通过观察、体验、分析讨论，从而使学前儿童受到教育。

（三）讨论法

讨论法是指在学前儿童参与教育的过程中，让他们提出问题，发表自己的意见和看法，最后得出结论，达成共识。这种方法能有效地帮助幼儿表达自己的真实想法，在讨论中提高辨别是非的能力和对健康的认识水平。

（四）讲解法

这种方法是教师主要利用语言和多媒体教学手段，通过生动、有趣、内涵丰富的讲授和演示来启迪和教育学前儿童，以影响学前儿童的心理和行为的一种方法。如通过讲寓言、童话故事，使学前儿童了解其所表述的意义，明白做人做事的道理。

四、学前儿童自我意识发展的活动设计基本原则

学前儿童自我意识发展的活动设计的基本原则有：活动性原则、主体性原则、渗透性原则、发展性原则和启发性原则。

（一）活动性原则

这一原则要求活动设计应突出以活动为主的特点，充分考虑教育者、教育环境、课程和教学方法，把内容渗透在灵活多样，富有情趣的活动中，注意活动的综合性、趣味性，寓教育于生活、游戏中，强调活动过程的教育性和科学性，让幼儿在参与体验中获得有关经验，得到成长与发展。

（二）主体性原则

这一原则要求活动设计必须充分尊重学前儿童的主体地位，以学前儿童为主体，所有工作都要以学前儿童为出发点，充分发挥学前儿童的主体作用，把教师的教学与幼儿的积极主动参与真正有机结合起来，使学前儿童认识自己的各种行为表现，体验在活动中的各种情感，从而实现教育目标。

（三）渗透性原则

这一原则要求对学前儿童的教育不能局限于专门的社会教育中，为了实现该领域的教育目标，要通过渗透，对学前儿童进行长期的教育，让学前儿童自然地进行学习。渗透性的方法有：渗透到各领域中、渗透到各游戏中、渗透到一日生活中、渗透到家庭教育中。

（四）发展性原则

这一原则要求在教育活动设计中，必须以发展的眼光来看待学前儿童。认识人的潜能性，尊重学前儿童身心发展的特点和规律，对幼儿的成长和未来持乐观肯定的态度。重视教育与发展的关系，以发展为重点，辅以预防和矫治，辩证地看待幼儿的缺点。

（五）启发性原则

这一原则是指在教育活动中教师必须善于启发诱导，充分调动学前儿童学习的主动性和积极性，激发学前儿童的求知欲望和探索精神，引导学前儿童积极思考，提高学前儿童主动获取知识和运用知识的能力。教师应该采用

多种方法，如观察、示范、讲解、情境创设等，让学前儿童多看、多听、多说、多做，积极进行想象思维和创造性的智力活动，从而使儿童得到一定的发展。

五、学前儿童自我意识发展的活动设计流程

学前儿童自我意识发展活动的设计流程主要包括活动名称的设计、活动目标、活动准备、活动过程、活动延伸。

（一）活动名称的设计

活动名称即教育活动的主题、名字，一般是对活动内容和活动目标的反映。活动名称的设计没有特殊的要求，在取名称时尽量符合儿童化的特点，简单明了，直接切入主题。此外，可以在活动名称前面或后面注明年龄班，如："中班主题活动：认识自己"或"认识自己（中班主题活动）"。

（二）活动目标

教育活动在实施前一般都确定了目标，活动的实施即为了实现活动的目标，但教师也应该根据幼儿的反应适时调整目标。具体的活动目标是自我意识发展总目标和年级阶段目标的细化。在表述中应该简洁清晰、具有可操作性。目标条目不宜过多，一般2～3条。教育活动目标在内容上一般包含认识、情感态度和能力三个方面，但并不意味着每一个活动需要在上述三个方面确定目标。

例如，介绍我自己，活动目标：

（1）在游戏中引导幼儿学习自我介绍的方法，培养幼儿的主动交往能力；

（2）幼儿主动大胆地向同学介绍自己的名字、年龄；

（3）引导幼儿大胆想象，还有哪些场合需要自我介绍，初步培养幼儿发散思维的能力。

（三）活动准备

1. 教师的准备

（1）物质材料的准备。

（2）环境创设的准备。

2. 幼儿的准备

幼儿的准备即幼儿知识技能的准备，包括相关知识技能的拓展、服装的准备、学具的准备，以及活动前的参观或收集事物、废旧物品等。

（四）活动过程

活动过程设计的质量影响到教学活动的现实效能。活动过程主要包括三个环节：

1. 开始部分（或称为导入）

导入一般通过各种形式的活动引出本次活动的主题，调动幼儿的学习兴趣和积极性。导入要注意简短，贴近主题。活动方案中，教师的导入语言、导入方法的运用要尽量写得具体。

2. 基础部分

此部分是活动的主体，是为了实现目标服务的部分，是活动内容、活动过程设计的具体表现。基本部分的叙述要做到纲目清楚、详略得当、重点突出，能够具体体现教师实施教学活动的步骤、方式方法。

3. 结束部分

结束部分是对本次活动的一个总结，简单而概括地结束活动，能使幼儿获得对本次活动整体认识与下一阶段活动相衔接。

（五）活动延伸

活动延伸指在教育活动后，教师继续设计一些与此相关的辅助活动，使教育内容渗透到一日生活中，使学前儿童受教育的时间能够持续，使教育目的能够更好地实现。活动延伸的形式可以是家园共育、领域渗透、环境创设、区角活动、游戏等。

六、活动方案设计案例

活动方案一：认识自己（小班活动）

◇活动目标

1. 有勇气在同伴面前大声说话。

2. 能用“我叫××，今年×岁，我是×孩子，喜欢××”句式介绍自己。

3. 了解男女面貌中的性别特征，学会判断性别。

◇活动准备

男、女布娃娃。

◇活动过程

观察、谈话导入：出示男女两个布娃娃，请幼儿说说性别，并说出自己是怎样判断的。

1. 认识自己。

请个别幼儿说说自己的姓名、性别、年龄、爱好是什么。

请全体幼儿找到旁边的同伴，相互说说自己的姓名、性别、年龄、爱好是什么。

2. 游戏互动。

幼儿在活动室自由站起，在《找朋友》歌声里，随歌词提示找一个同伴，歌声停止后相互介绍自己。游戏重复多次，引导幼儿找不同的朋友相互介绍。

3. 结束活动。

幼儿随歌声找凳子做朋友回到座位。

采访个别幼儿：你在游戏里认识的新朋友有几个？叫什么名字？几岁？喜欢什么？

◇活动延伸

回家请爷爷奶奶、爸爸妈妈介绍自己。

活动方案二：我是大班小朋友

◇活动目标

1. 学习儿歌《我是大班小朋友》，知道自己即将毕业。

2. 懂得关心爱护小弟弟、小妹妹，为他们做榜样。

◇活动准备

1. 课件“我是大班小朋友”。

2. 事先带幼儿去看望小班的小朋友。

◇活动过程

一、谈话引出活动

1. 请幼儿说说看望小班小朋友的感想。

教师：我们去看了小班小朋友，他们是怎么样的？

2. 请幼儿说说进入大班以来学会做的事情。

教师：我们现在是大班小朋友了，你们读大班的这一年里，学会了做哪些事呢？

3. 教师：小班小朋友还很小，有许多事情不懂、不会做，我们小时候也是这样的。但是现在我们长大了，懂事多了，所以要关心比我们年龄小的小朋友，还要做他们的好榜样。

二、朗读诗歌《我是大班小朋友》

1. 播放课件“整体欣赏”，请幼儿欣赏诗歌《我是大班小朋友》。

2. 请幼儿回忆，诗歌里的小朋友会做哪些事情。

3. 播放课件“一、二、三、四、五”，请幼儿分段欣赏，并跟着朗读。

4. 再次播放课件“整体欣赏”，请幼儿跟着朗读，并请他们注意：朗读的时候要带有表情（可以帮助他们分析句子的表情，或愉快或自豪或关爱）。

三、讨论：为小班小朋友做一件事

活动延伸：请幼儿讨论，能不能为小班的小朋友做一件事，帮助他们或者让他们觉得开心。

活动方案三:情绪魔法师(中班活动)

◇活动目标

1. 认识喜怒哀惧等基本情绪,了解宣泄情绪的几种方法。

2. 保持乐观向上的生活态度,体验理解、帮助等积极行为给自己和他人带来的愉快感受。

3. 能对自己的情绪做出确切的表达,并能感受出他人的情绪。

◇活动准备

情绪脸谱、表情宝宝、场景(喜怒哀惧)、小视频、椅子、音乐、骰子、魔法屋、折纸、蜡笔。

◇活动过程

一、导入

创设情境,认识不同的表情与情绪。

1. 故事引入主题:森林里住着一个神奇的魔法师和很多的表情宝宝,魔法师将带着小朋友们一起去找表情宝宝玩耍(跟着音乐的旋律走到各种表情宝宝身边)。

2. 让幼儿分别观察四幅图:高兴(喜)、生气(怒)、伤心(哀)、害怕(惧)。

魔法师:"这是什么表情宝宝?"引导幼儿将表情与喜怒哀惧四种基本情绪结合在一起。

二、主体部分

1. 出示表情脸谱。

引导幼儿观察高兴(喜)、生气(怒)、伤心(哀)、害怕(惧)四个表情宝宝,并模仿表情宝宝的表情,并说一说表情宝宝的心情是怎么样。

2. 将表情宝宝送回家。

出示四个场景(喜怒哀惧四个场景),请小朋友们将表情宝宝送到相应的场景之中。引导幼儿通过场景去体验表情宝宝的心情,并请幼儿自己动手将表情宝宝放到合适的家中。

魔法师小结:当一个人生气的时候,会导致吃不下饭、睡不好觉,身体变得越来越差，还容易失去许多好朋友。

3. 讨论调节不良情绪。

创设情境，讨论如何帮助他人调节不良情绪，体验理解、帮助等积极行为给自己和他人带来的愉快感受。

故事：引导幼儿通过故事去体验生活中被误解的情况下，如何去调节这种情绪。

视频：引导幼儿去体验视频中幼儿的情绪，如何去调节这种情绪。

4. 游戏：情绪的音乐椅。

情境：遇到正在开派对的表情宝宝们，邀请魔法师和小朋友们一起参加情绪音乐椅的游戏。

规则：将椅子散放在活动现场（比现场人数少一张），放音乐让所有幼儿在教室中按同一方向跑动起来，音乐一停就抢位子坐下（屁股先碰到椅子）。没有抢到椅子的幼儿将会获得摇动骰子的机会，并模仿骰子上的表情，说说生活中什么时候会有这种表情出现，又有什么办法可以调节这种情绪呢？

魔法师小结：当我们生气难过的时候，要想想快乐的事情，听音乐、运动、爬山、游戏，或找别人谈谈自己的心情、感受等，让自己保持一个好心情。魔法师希望我们的小朋友能够天天高高兴兴、快快乐乐。

5. 传递好心情。

通过画心情的形式，将好心情传递给更多的人，也可以将你的坏心情跟随飞机飞走的时候一起带走，让你们每天都拥有好心情。

三、结束

带着小朋友们去森林里将画好表情的飞机，随着开心和不开心的情绪一起随风飞走。

◇活动延伸

绘画活动“表情宝宝”。

将四个场景放入绘画活动中，启发幼儿画出自己一天的表情（上午、中午、下午）常有的几种表情，鼓励幼儿边画边与同伴交流自己当时的心情，每天放学前可分享大家一天的心情，让幼儿保持愉快的情绪。

活动方案四：会动的身体

◇活动目标

了解自己身体能活动的一些部分，对身体感兴趣。

◇活动准备

纸偶娃娃，人物动、静活动图片（如跳舞、织毛衣、踢足球），记号笔等。

◇活动过程

一、做游戏“木头人”

孩子坚持不了多久，就会动的，老师正好做小结。

老师（小结）：人不动是难受的，因为我们都是有生命的。

二、跟着音乐动一动

让灵动的身体与前一个活动“木头人”形成鲜明的比较。

三、说一说：人有哪些活动

老师：跳舞是一种活动（出示图片）。她在干什么？织毛衣是一种活动（出示图片）。踢足球也是一种活动（出示图片）。你们知道，人还有哪些活动呢？

四、说一说：身体的哪些部位能动

人们怎么会有那么多活动呢？是因为人的身体的许多部位能动。

1. 边说边记录：你的身体有哪些地方是会动的？

让幼儿记录在纸宝宝上。

2. 讲讲哪些地方能动，讨论：

（1）这个地方能动使我们可以做什么事情呢？

（2）如果不会动会怎么样？

（3）这里会生什么病？

通过“能动”和“不能动”的比较（在感受不会动时，可以请孩子尝试不动某部位，做一件事，可以有这样的指导语“瞧，不动不行吧”“动了才方便呢”等）感受活动部位为我们的生活带来的方便。

3. 介绍骨折、脱臼。

与生活保健相融合，如果能与本班孩子的健康情况相结合则更好。

五、我们身体会动的地方还很多，我们以后慢慢去发现

活动延伸：这个活动还没有完全结束，因为事实上，孩子对自己身体的发现还没有停止，可以在教室准备一个本子，供孩子进行专题记录。①

【小结】

本章主要介绍了三个部分的内容：第一部分是自我意识的概念及结构、自我意识的形成及学前儿童自我意识的发展；第二部分是促进学前儿童自我意识发展的策略，主要从学前儿童自我评价培养的策略、学前儿童自我体验能力发展的策略、学前儿童自控能力发展的策略三个方面论述；第三部分是学前儿童自我意识发展的活动设计与指导，主要从学前儿童自我意识发展的目标、内容、方法、原则、设计思路及案例方面进行阐述。

思考与练习

1. 自我意识的发展表现在哪几个方面？有哪些特点？
2. 促进学前儿童自我意识发展的策略有哪些？
3. 学前儿童自我意识发展的活动设计流程有哪些步骤？

① 应彩云. 孩子是天 我是云[M]. 上海：上海社会科学院出版社，2004.

第3章

学前儿童交往能力发展与活动指导

清晨，一大早来到幼儿园的小朋友在玩拼图玩具，随后孩子们陆续来园，都被这个拼图玩具吸引，大家聚在一起你拿一块我拿一块开始尝试拼图。亮亮小朋友来了，他也很想试一试，于是挤进人堆也摆弄起来。可是他觉得自己的拼图不够用，开始阻止别人拿拼图，后来发展到用双手盖住拼图不让别人动，最后连身体也压到了上面。他的举动引起了其他小朋友的抗议，老师让他暂时离开，他气呼呼地走到了一边。

思考：

1. 亮亮小朋友与其他小朋友的互动体现了什么？
2. 如何利用本章内容帮助亮亮小朋友提高与同伴的交往技能？

【学习目标】

1. 了解学前儿童交往的意义。
2. 理解学前儿童交往的类型及影响因素。
3. 掌握学前儿童交往能力培养的途径与方法。
4. 能够设计培养学前儿童社会交往能力的教育活动。

【学习重难点】

1. 促进学前儿童交往能力发展的途径与方法。
2. 学前儿童交往能力发展的活动设计。

【知识结构图】

- **学前儿童交往能力发展与活动指导**
  - 学前儿童交往能力发展及影响因素
    - 学前儿童交往的含义
    - 学前儿童交往种类
    - 同伴交往的影响因素
  - 促进学前儿童交往能力发展的途径与方法
    - 利用真实情境，锻炼儿童交往能力
    - 组织专门的交往教育活动培养儿童的交往技巧
    - 教师做好幼儿人际交往的榜样
    - 加强家园合作，共同培养儿童交往能力
  - 促进学前儿童交往能力发展的活动设计与指导
    - 促进学前儿童交往能力发展活动设计
    - 活动案例和分析

第一节
学前儿童交往能力发展及影响因素

在新生儿的脸上，我们能看到一种奇妙的笑。5周左右，小小的婴儿对人的声音、面孔开始有特别的反应，大人的声音、面孔特别容易引起小宝贝的微笑，自此，婴儿的社会性微笑开始出现。此时婴儿如听到大人的声音或看见大人对着他点头，婴儿特别高兴，微笑时十分活跃，眼睛明亮。笑，是婴儿与成人交往沟通最有效的手段之一，也成了人类最初的人际交往形式。[①]我国著名的医学、心理学家丁瓒曾说过："人类的心理适应，最主要的就是人际关系的适应。"随着年龄的增长，在与亲人、陌生人的不同反应模式的互动中，幼儿逐渐适应周围的人和物，其交往能力也在人际交往活动中慢慢发展着。就像亮亮小朋友，在群体中不太懂得合作的策略，不太了解社会规则，在同伴交往中则会感受到不愉快，同时，同伴的不欢迎态度也会让亮亮反思自己的行为，在以后的交往中改变策略，改进交友方式，更好地让自己在同伴互动等人际交往中产生愉悦感，促进自身的社会化进程。所以交往不仅是学前儿童实现社会化的必要途径，也是学前儿童整个生活的重要组成部分。良好的人际关系对幼儿身心健康发展以及知识、能力和智慧作用的发挥具有重要影响，故在学前阶段，加强儿童的交往能力教育，对于儿童长大后的人际交往及社会适应有深远的影响。

① 边玉芳，等.儿童心理学[M].杭州：浙江教育出版社，2009:217.

一、学前儿童交往的含义

交往是人与人之间动态的相互作用的过程，也是人与人发生联系最基本的形式。简单来说，交往是指人们通过一定的言语形式或非语言形式如动作、表情等体态将某种信息传达给其他个体的过程。学前儿童的人际交往是其社会性发展的重要途径，我国教育部颁发的《纲要》指出要引导幼儿参加各种集体活动，体验与教师、同伴等共同生活的乐趣，帮助他们正确认识自己和他人，养成对他人和社会亲近、合作的态度，学习初步的人际交往技能。尽可能“为学前儿童提供人际间相互交往和共同活动的机会和条件，并加以指导”。良好的人际交往能力有利于学前儿童良好个性品质的塑造，促进幼儿积极、乐观的情绪情感的形成，帮助其发展社会认知和社交技能，从而促进幼儿社会性的发展。

二、学前儿童交往种类

目前，学前儿童的交往通常包括两个范畴：同伴间交往和学前儿童与成人的交往。与成人交往最主要的是亲子交往和师幼交往。

（一）同伴交往

同伴，是指与儿童相处的具有相同或相近社会认知能力的人。年龄相同或相近的儿童，在某种共同活动中体现出相互协作的关系，就构成了儿童的同伴关系。同伴关系为儿童学习技能、交流经验、宣泄情绪、习得社会规则、完善人格提供充分的机会。[①]

作为学前儿童最重要的社会关系，同伴交往具有平等性、可选择性。良好的同伴交往能力对其社会发展、适应性的形成有着不可替代的作用。主要表现在以下几个方面。

1. 有利于学前儿童形成良好的社会适应能力

儿童与儿童之间的社会交往为其言语沟通、技能学习、经验交流、习得社会规则等提供充分机会。[②]如在同伴游戏中，不同语言发展水平的学前儿童

① 桑标.当代儿童发展心理学[M].上海:上海教育出版社，2006:375.

② 周世华,耿志涛.学前儿童社会教育[M].北京：高等教育出版社，2011:114.

在一起，儿童有意无意地模仿对方的言语，激发了彼此交流的积极性，同时也为儿童提供丰富的语言材料和模仿榜样。久而久之，形成自己独特的语言风格和思维特点。皮亚杰曾指出："一般的同伴交往和具体的同伴冲突是儿童发展视角转换能力的必要条件，是儿童摆脱自我中心的前提。"在处理不同的同伴冲突过程中，儿童能够逐渐学会站在别人立场看问题，理解别人感受，慢慢懂得合作在同伴关系中的重要性，摆脱自我中心的思维方式，观点采取、选择能力得到发展，同时学会遵守社会交往的规则，逐渐提高自身的社会交往技能。

2. 有利于学前儿童认知能力的发展

同伴交往为幼儿提供大量交流、协商、讨论的机会，有助于幼儿扩展知识，也提高了幼儿的问题理解能力和解决能力。另一方面，学前儿童受交往的相互作用的影响，由于观点意见不同，引起争论，造成幼儿冲突，从而导致幼儿认知结构的改变。哈里斯（J.R.harris）1995 年提出群体社会化理论（A Group Socialization Theory），认为同伴是传递社会文化、培养儿童社会化的主要媒介，儿童的社会化是在同伴群体中形成的。充分肯定同伴关系对促进幼儿认知能力发展的重要意义，同时幼儿同伴交往可以帮助幼儿摆脱自我中心，从别的同伴那里获得丰富的信息，使自己的思维精细化。

3. 有利于儿童形成积极的情感

同伴交往的发展可以满足儿童归属、爱及尊重的需要，儿童在社会化的过程中，经常会遇到一些烦恼与焦虑。除了在老师和父母那里得到帮助外，同伴的安慰和同情更能使学前儿童产生愉快、轻松等积极的情感。同伴间的交往可以使儿童获得从成年人身上得不到的心理满足，尤其是当学前儿童与同伴建立友谊，被同伴集体所接纳的时候。同伴的赞同和接纳更能让他们表现出愿意遵守群体规范、愿意与人合作的态度。

4. 有利于儿童自我概念和人格的发展

同伴交往可以帮助学前儿童形成自己的态度和价值观念。著名的社会心理学家乔治·米德说："个体是通过人际交往活动形成自我概念的。"儿童正是在与他人的交往过程中，逐渐确立自我。同时，学前儿童从交往过程中自身的不同行为产生的后果和性质，来不断调整、修正自己的行为。同伴的行为和活动也像一面镜子，为儿童提供自我评价的参照，能够帮助其在这种交往过程中很好地认识自己，不断地去自我中心，从而有利于自我概念和人格的发展。[①]

（二）亲子交往

亲子交往是指儿童与父母亲之间的交往活动。父母是孩子第一任老师，从出生以来，孩子最先接触的人是父母，和父母朝夕相处。因此，早期的亲子关系是之后孩子与他人建立关系的基础。亲子关系良好的儿童，更容易与他人形成融洽的人际交往。[②]而亲子关系与教养方式存在密切的联系，教养方式是父母在教育、抚养子女的过程中表现出来的相对稳定的行为方式，也是教育观念和教育行为的综合体现。直接作用于亲子的互动过程，往往因父母不同的教养方式在亲子关系中存在巨大差异。

美国心理学家戴安娜·鲍姆林德把教养方式分为权威型、专制型、溺爱型和忽视型四种类型。

权威型教养方式，这种类型的家长在孩子心目中有权威，但这是建立在对孩子的尊重和理解上。他们会表现出对孩子的爱，并认真听取孩子的想法。这种教养方式的特点虽然严格但是民主。在这种教养方式下长大的孩子，有很强的自信和较好的自我控制能力，并且会比较乐观、积极。亲子关系比较轻松愉悦。

专制型的特点则是严格但不民主。在这种教养方式下长大的孩子，会比较多地表现出焦虑、退缩等负面情绪和行为，但他们在学校中可能会有较好的表现，比较听话、守纪律等。

溺爱型的家长对孩子则表现出很多的爱与期待，但是很少对孩子提要求。在这种教养方式下长大的孩子，一旦他们的要求不能被满足，往往会表现出哭闹等行为。对于家长，他们表现出很强的依赖性，往往缺乏恒心和毅力。

忽视型的家长对孩子不很关心，他们不会对孩子提出要求和对其行为进行控制，同时也不会对其表现出爱和期待。对于孩子，他们一般只是提供食

① 张明红.学前儿童社会教育与活动指导[M].上海:华东师范大学出版社,2014:76.

② 张明红.学前儿童社会教育与活动指导[M].上海:华东师范大学出版社,2014:76.

宿和衣物等物质，而不会在精神上提供支持。在这种教养方式下长大的孩子，很容易出现适应障碍，他们的适应能力和自我控制能力往往较差。

权威型教养方式下的亲子冲突较少，亲子交往比较轻松愉悦，而专制型教养方式会导致频繁的亲子冲突。不同的亲子交往模式也为儿童提供一个未来与人交往的参照模板，孩子有意无意中也会习得类似父母与人交往中的一些能力、技巧。因此，父母应该克服不正确的教养方式，了解一些亲子交往的技能技巧，营造和善而坚定的亲子交往气氛，为幼儿的社会规范习得提供良好的学习榜样。如多阅读亲子关系类书籍，多与其他有经验的父母交流；幼儿园老师也可定期举办家长参与的讲座，向父母传授和孩子有效相处的方式方法，或举办一些亲子活动，鼓励儿童与父母积极互动。

（三）师幼交往

师幼交往，简单来说，就是教师与幼儿之间的互动关系。它贯穿幼儿在校一日生活的各个环节。幼儿园的各项教育活动都是教师与幼儿互动的过程。师幼交往是一种“我与你”的平等的社会成员交往关系，良好的师幼交往有利于稳定儿童的学习和生活秩序，有利于教师日常工作的开展，同时也能够促使儿童良好个性的形成，更好地发挥儿童的主动性和创造性。而作为幼儿的重要他人，教师的一举一动会影响孩子以后生活中的处事态度。在与幼儿互动过程中，教师不仅要注意自身的言行举止，尤其是与同事之间的互动，关注这种隐性因素对幼儿的影响，[①]也要注意对幼儿在幼儿园发起互动时自身的回应方式。有研究表明，教师对幼儿发起互动行为的敏感性程度相对较低，互动过程教师的有意支配性更强。如幼儿园里，小雨来到幼儿园见到老师高兴地说“昨天我家的百合花开了哦”，而老师说“哦，是吗？现在赶紧放下书包去和小朋友们玩吧”。户外活动结束后，羽西兴奋地跑过来说：“老师，我发现教室外面有一只蜗牛。”“好的，知道了，现在我们要上课了，快坐好吧。”老师回答说。久而久之，这些不回应行为就会挫伤儿童的交流积极性，使其变得沉默，影响学前儿童对交往行为的有效认知。所以，教师要注意提升自身的师幼互动水平，培养有效的师幼交往能力。

① 叶平枝.幼儿园健康领域教育精要——关键经验与活动指导[M].北京：教育科学出版社，2015.

三、同伴交往的影响因素

学前儿童的同伴关系从婴儿期的客体中心阶段及简单互动、互补性互动阶段到3～6岁的非社会活动、平行游戏、社会交往行为（Parten，1932；Hows & Matheson，1992）。从最初的、零散的相互动作逐步发展到各种复杂的、互惠性的相互作用。同伴交往在数量和质量上都发生了很大的变化，儿童合作-互动游戏也随着年龄增长而增加。在学前儿童同伴关系研究中，通过现场提名法，研究人员研究了幼儿同伴交往的四种类型[①]：一是受欢迎儿童，这类儿童长相好，行为表现积极，在同伴中获得的积极提名多，消极提名少，被大多数同伴喜欢；二是被拒绝儿童，行为表现最为消极、不友好，喜欢交往，但不善于交往，被大多数同伴消极提名，不被同伴喜欢，受到同伴拒绝和排斥；三是被忽视儿童，这类儿童在交往中缺乏积极主动性，且不善于交往，很少被同伴提名，无论是积极提名还是消极提名；四是一般儿童，指被同伴接纳程度处于一般情况的儿童，这类儿童行为表现一般，交往水平中等。影响学前儿童同伴交往的主要因素可以从以下几个方面分析。

（一）儿童自身特点

1. 行为特征

行为特征是儿童社会能力的重要体现。儿童的亲社会行为与受同伴欢迎程度有关，而攻击性和破坏性行为与被同伴拒绝、排斥有关。受欢迎儿童、被拒绝儿童和被忽视儿童的亲社会行为特征有很大差异。[②]

表3-1-1　受欢迎、被拒绝和被忽视儿童的社会行为特征

受欢迎儿童	被拒绝儿童	被忽视儿童
积极、快乐	多破坏行为	容易害羞
外表吸引人	好与人争论和反社会	很少攻击，对他人的攻击常表现出退缩
有许多双向交往	极度活跃	反社会行为少
高水平的合作游戏	说话过多	不敢自我表现
愿意与人分享	反复试图与社会接近	许多单独活动

① 庞丽娟.幼儿同伴社交类型特征的研究[J].心理发展与教育，1991:19—27.
② 张明红.学前儿童社会教育与活动指导[M].上海:华东师范大学出版社，2014:76.

续表

受欢迎儿童	被拒绝儿童	被忽视儿童
能坚持交往	合作游戏少，不愿分享	逃避双向交往，花较多的时间和群体在一起
被看作好领导	许多单独活动	
缺乏攻击性	常有不适当的行为	

可以看出，受欢迎儿童通常表现出好交际、友好、支持同伴，能够发动和维持相互交往，能够和平解决争端，有很多亲社会行为，较少攻击性行为。

2. 认知能力

学前儿童的社会认知能力与其同伴交往有着密切关系。社会认知中，首先是对自己的认知有无正确的自我评价，这会影响人际交往中的自我表现；其次是对他人的认知，这会直接影响人际交往的水平和态度；再次，是对交往本身的认知，这会影响人际交往的范围。交往的过程是双方彼此满足需要的过程，如果只考虑自己的满足而忽视对方的需要，就会引起交往障碍。[①]

研究证实，被拒绝儿童在交往中更多地借助于第三方，如妈妈、奶奶等发动同伴交往活动，对身边的成人表现出较强的依赖性。相对于受欢迎儿童，被忽视和被拒绝儿童更少选择言语沟通和言语解释策略。那些与同伴建立良好关系的儿童在观点采择测试上的得分比较高。[②]

3. 身体吸引力

从婴儿期开始，儿童就显示出对身体外部特征的偏好。如3～6个月大的婴儿对于以成人眼光来看的漂亮面孔注视的时间要远长于不漂亮的面孔。[③]到了1岁大的时候，婴儿就已经能“以貌取人”了，对于那些有漂亮面孔的成人，他们会表现出更多积极的情感，更容易被逗乐，而且很少表示拒绝，而对于相貌平平的人，则恰好相反。

5岁之前，有吸引力的儿童和无吸引力的儿童之间的行为差异较少。但5岁之后，无吸引力的儿童攻击性行为多于有吸引力的儿童，且反应的方式更加消极，他们之所以不受欢迎可能是由这种行为导致的，而有吸引力的儿童

① 周世华，耿志涛．学前儿童社会教育[M]．北京：高等教育出版社，2011:118.
② 张明红．学前儿童社会教育与活动指导[M]．上海：华东师范大学出版社，2014:76.
③ 桑标．当代儿童发展心理学[M]．上海：上海教育出版社，2003:388.

不良行为较少。研究发现，学前儿童不仅期望与外貌有吸引力的同伴成为好朋友，而且外貌有吸引力的儿童更多被同伴提名为"好朋友"。当要求儿童依据照片来推断陌生人的同龄人性格时，他们也会把友好、善良、聪明一类的评价给那些有着漂亮面孔的儿童，而将凶恶、不友好等负面评价给那些相貌不是很好看的儿童。产生这种现象的原因有两个：一是儿童对自己外貌的满意度会影响他们的亲社会行为；另一个是父母和老师也常常会根据儿童相貌上的差异而表现出不同的态度和行为。[①]

除了以上因素外，孩子性别、性格、年龄、情绪也会影响同伴交往。

（二）外部环境作用

1. 家长教养方式

父母教养方式是父母在抚养、教育孩子过程中通常使用的方式方法，是各种教养行为的特征概括。不同的教养方式决定了不一样的亲子关系，而在亲子互动过程的交往模式对学前儿童的同伴交往也有一定影响。

积极的亲子关系会使儿童感受到爱与被尊重，对自己、他人和周围环境有积极乐观的认识，乐于与父母之外的同伴交往，而亲子关系不良的儿童，容易对周围关系产生消极体验，影响同伴交往的模式。

2. 教师的影响

学前儿童教师在儿童各种交往关系中处于重要的地位。师生关系对不良的亲子关系有着一定的弥补作用，并影响着学前儿童的同伴交往。关于自我意识的研究也表明，教师的评价对儿童自我意识和同伴关系具有决定性影响。如老师对某个小朋友的喜爱和夸奖，会引起其他孩子的羡慕，以及对被表扬孩子的行为效仿。"老师说让我们……""老师说了……"，老师的话常常成为孩子的口头禅，甚至比家长的话还更能起到作用。

3. 电视和各类电子产品

随着科技的发展，电脑电视、智能玩具等电子产品在学前儿童生活中越来越多，幼儿在这些无处不在的媒体包裹下，其社会性发展也受到强烈影响。对这些产品的使用能够开发儿童智力，提高儿童娱乐交往的时效性，丰富儿童的童年生活。但也产生了一定的消极影响。如过度使用这些电子设

① 周世华，耿志涛．学前儿童社会教育[M]．北京：高等教育出版社，2011:118－119．

备和游戏玩具，会淡化儿童交往次数、降低儿童交往质量，自身的探索机会和体验机会缺乏，儿童的语言表达能力及社交能力得不到提高，甚至出现过度依赖电子产品，失去和同龄人交流沟通的兴趣，影响同伴间的正常交往。所以，家长和老师应通过有效措施引导儿童合理使用各类电子产品。

第二节
促进学前儿童交往能力发展的途径与方法

我们常常看到这样的现象：一群小朋友在一起玩，旁边一个小朋友很想加入，却害羞腼腆不敢去；小朋友去别人家玩，看到满屋的玩具，明明很想玩，受到邀请时嘴巴却说着"不要"，然后躲在大人身后；幼儿园娃娃家区域，一个小朋友独自玩着喂娃娃的游戏，拒绝其他小朋友加入自己的区域……害羞、任性、不能理解同伴或者以自我为中心的情况在幼儿园经常可见。

美国钢铁大王卡耐基说："专业知识在一个人成功中的作用只占15%，而其余的85%则取决于人际关系。"对于幼儿来说，具有良好的交往能力对其智力发展、学业水平及未来走入社会均有重要作用。《纲要》与《幼儿园工作规程》也将幼儿交往能力列为重要培养目标。其中《纲要》中关于社会领域的目标中第二项是"乐意与人交往，学习互助、合作和分享，有同情心"，对儿童社会交往的内容与要求是"引导幼儿参加各种集体活动，体验与教师、同伴等共同生活的乐趣，帮助他们正确认识自己和他人，养成对他人和社会亲近、合作的态度，学习初步的人际交往能力。幼儿与成人、同伴之间的共同生活、交往、探索、游戏等，是其社会学习的重要途径。应为幼儿提供人际间相互交往和共同生活的机会和条件，并加以指导"。

许多家长和老师都认识到目前的创新时代，基础教育的价值观已不仅仅着眼于儿童知识水平的提高，儿童的情绪、情感、性格、气质、动机、交往等非智力因素在儿童未来人生道路上起着更为重要的作用，而幼儿期是人的交往能力形成和发展的启蒙期和关键期。所以掌握促进学前儿童社会交往能力的途径和方法，是父母、教师都非常关心的话题。作为学前儿童教师，可以从以下几个方面促进幼儿的交往能力发展。

一、利用真实情境，锻炼儿童交往能力

（一）抓住晨谈环节，为幼儿提供交往机会

幼儿园的晨谈活动，是一种有目的、有计划地组织幼儿学习的语言教育过程，而晨谈作为谈话中的一小部分，虽然只有短短几分钟，却能帮助幼儿学习倾听别人的谈话，习得与他人交流的方式、规则，培养幼儿交往能力。如早上班主任老师看到小朋友陆续来到班级，热情地和小朋友问候“早上好，小羽，今天穿得很精神哦”“辰辰今天很开心，可以给大家分享一下吗？”等，一两句简单的交流无形中让幼儿体会到了交往的乐趣、和谐的氛围。

（二）随机应变，抓住每个教育契机

一天中午午休时，乐乐小朋友没来得及去洗手间，结果尿床了。其他小朋友看到哈哈大笑，不停地说“哈，真羞羞，尿裤子啦!”“我都没尿!”乐乐强忍着眼泪低下头不说话。这个时候老师说：“小朋友们，你们有没有尿过床呀？”“我尿过”“我有一次把爸爸妈妈的被子全都尿湿了”，孩子们七嘴八舌地说起来……一场尴尬巧妙地化解了。生活中，有很多意想不到的事情发生，教师应把平常的突发事件顺水推舟转化为教育资源，抓住时机，恰当地引导幼儿的发展，培养幼儿的同情心和移情能力。这就需要教师要有一颗细致观察的心和一双善于捕捉教育契机的眼睛，及时发现有教育价值的生活点滴，利用教育契机，迅速做出反应。

（三）延迟干预，给予幼儿自主解决交往冲突的机会

学前儿童在交往过程中总是不可避免地产生各种不愉快，遇到各种各样的问题。如同伴不遵守规则，自己的意见不被采纳等，面对幼儿间的冲突，教师和家长要以平常心对待，不急于干涉，把冲突当作进行教育的好时机。在这个过程中，幼儿或学会适宜的解决方法，或学会如何维护自己的利益，或学会妥协及面对失败等，也逐渐发展了健全的人格。在遇到幼儿之间发生冲突

时，作为教师，首先进行初步判断分析：是否会伤害到幼儿身体或影响其他幼儿的活动？如果是，需要成人立刻制止。如果并不会造成身体伤害，可以观察幼儿能否自行解决彼此间不愉快，如果幼儿可以通过协商、沟通等方式合理解决，教师不必介入。但在幼儿解决的过程中，老师需要在一旁观察，幼儿的解决方式是否公平，是否有利于儿童的是非观念、性格发展等。

二、组织专门的交往教育活动培养儿童的交往技巧

（一）让儿童在游戏中积累交往经验

游戏是一种符合幼儿身心发展要求的快乐自主的活动，也是孩子们最感兴趣的社会实践活动，游戏可以为幼儿搭建交往桥梁，增进彼此的了解，同时在游戏中懂得合作的作用。比如在小小医疗室活动中，有儿童当医生，一个当护士，一个小朋友当病人，一个当病人的家长。当“爸爸”带着孩子去打针时，孩子假装要哭，护士说：“不怕的，有一点点痛，一会儿就好了，要坚强哦。”在这个过程中，孩子不但提高了自己的语言能力，也能将角色交往行为迁移到现实生活中。在有些户外活动游戏中，教师也可以有意限制材料的投放量，让幼儿在游戏中学会与他人合作。如一个球两人一起玩，几个人驾驶一辆车，增加幼儿在活动中交往次数和频率，交往也会变得更加密切。

（二）通过故事情景指导幼儿学习交往技能

爱听故事是孩子的天性，故事以生动的语言、具体的形象和有趣的情节深受孩子的喜爱。故事教学也是发展幼儿品德、语言能力、交往技能的重要助手，所以教师可以适当地选择有助于促进学前儿童交往能力发展的绘本，让儿童通过理解和感受特定的故事情景，模拟故事中人物的交往行为。如《你愿意做我的朋友吗》《我可以和你玩吗》，这些绘本让幼儿学会把自己的需求及时用语言表达出来，以便对方了解自己的想法。例如《妈妈，我真的很生气》中乔希生气时，会扔玩具发泄自己的不满，和弟弟发生冲突时，动手打他的弟弟。妈妈说，乔希应该学会用更好的方式来表达自己的情绪。通过妈妈的“笑脸奖励计划”，乔希开始用语言表达自己的情绪，和弟弟发生矛盾时，也能平和地换一种方式解决，与他人的融洽相处中，也让他的脸上出现了更多

的笑容。通过绘本阅读，让幼儿学会在问题出现时及时用语言表达出来，而不是采用争、夺、抢的暴力形式解决。人际交往绘本《鳄鱼莱莱》中，莱莱是一条会耍各种杂技的鳄鱼。作为纽约东街88号房子里的不速之客，他用自己的方式赢得信任，成为这个家庭的新成员，受到周围人的喜爱。但莱莱同时也遭遇了邻居的“疏远”和“抵触”，小伙伴的“误解”与“仇恨”，甚至还有老朋友的“陷害”与“利用”……他迷茫过，郁闷过，伤心过，妥协过，但最终凭借善良的心灵和十足的勇气，积极化解了问题。通过这些故事，孩子从中看到如何与不同的人打交道，了解人际交往的规则，养成积极的社会性人格。

（三）开展混龄活动，培养幼儿的社交策略

混龄游戏是不同年龄层次和不同发展水平的幼儿在一起游戏、玩耍，每个幼儿面对的交往对象既有和自己同龄的伙伴，也有比自己小的弟弟妹妹或比自己大的哥哥姐姐，在组织交往活动时，教师可以打破班级年龄的界限，为幼儿创设一个更接近社会生活的真实环境。对比自己大的哥哥姐姐，幼儿可能采取“请求”的策略加入他们的游戏，而对于比自己小的弟弟妹妹们，幼儿可能采取邀请等和同龄伙伴不一样的交往策略，这无形中为学前儿童提供了更为广泛的学习实践各种社交策略的机会。如中班幼儿帮助小班弟弟妹妹穿衣服、叠被子活动，开展哥哥姐姐故事会，邀请中大班孩子为小班孩子讲故事。一方面，大孩子在照顾弟弟妹妹或分享自己的经验时，从中体会到成功的快乐，增强自身责任感。另一方面，小班孩子在这种互动过程中也能感受到哥哥姐姐的关爱及与人交往的快乐，同时哥哥姐姐的榜样作用也为之后的交往方式提供参照。

三、教师做好幼儿人际交往的榜样

教师在学前儿童心目中占有重要的地位，老师的一言一行都是儿童的表率。因此，生活老师之间，甚至幼儿园老师之间建立一种真诚、友好、平等的关系尤为重要。在无数双眼睛注视着的老师间的任何交往行为都会对学前儿童起着潜移默化的影响。教师之间待人接物的得体大方，与周围同事积极乐观地交往，都会对幼儿产生积极影响，促进其正确的同伴交往。如中班的

小朋友们正在听韩老师给大家讲“我们都是好朋友”的故事，这个时候其他班的老师过来想借呼啦圈，带他们班的孩子们户外活动，韩老师委婉地说“我们班等会儿也要用，你看哪个班不用就去他们班借吧”，这个时候班上有小朋友说“老师，我们现在不用呼啦圈，可以借给他们呀”！韩老师却说“他们班总是借东西，如果待会儿忘记还或者给我们弄坏了我们以后就没办法开展活动了啊”！留下孩子似懂非懂的迷茫眼神……所以，儿童在面对老师日常教育和实际人际交往方式时的不一致行为时，就会显得不知所措，而我们老师的教学效果和榜样的形象就会大打折扣。北京师范大学教育学院庞丽娟说过：“在幼儿人际交往学习过程中，与专门的儿童社会技能、行为训练相比较，教师在日常教育与交往中实施的交往策略、技能训练和行为培养常常更具有真实性和可迁移性。”就是说，教师在日常生活中，与幼儿交往过程中表现出来的与人交往的态度、沟通技巧、与他人分享合作都会成为幼儿模仿的对象。因此，教师应该注意自身交往的方式和行为。

四、加强家园合作，共同培养幼儿交往能力

“没有家庭教育的学校教育和没有学校教育的家庭教育，都不可能完成培养人这一细致而复杂的任务。”社会行为的学习，交往能力的培养是一个长时间的连续过程，家长和教师一致要求，才能取得较好的效果。作为教师，可以从以下几个方面开展家园互动。

（1）组织家长交流会，提高家长对儿童交往的理论认识。幼儿园可以定期组织家长交流会，通过讲座或沙龙的形式，向家长传授与学前儿童的交往技巧，更新家长的育儿观念，建立合理的家庭教养方式，和孩子建立愉快的亲子关系。学前儿童教师，也应该引导家长，为孩子提供一个为人为善的人际交往环境，身教胜于言传，我们很难想象一个满口脏话、充满训斥的家庭会有一个彬彬有礼的孩子。此外，夫妻间的交往模式、谈话方式也会无形中影响孩子的交往习惯。

（2）通过幼儿园亲子系列活动，加强家长对幼儿交往的实践了解。比如家长助教、家长志愿者、游园活动、班级春游、踏青活动等，让家长融入幼儿的孩童世界，在观察孩子与同伴交往及师幼互动的不同表现中，对孩子的交往

行为和交往特点有更深刻的认识，多视角加深家长对孩子的了解，有助于家长对孩子开展针对性交往指导。

(3)鼓励家长为孩子提供多种参加各类社会活动的机会。孩子在多种交往活动中有不同的交往体验，也促使他们不断调整自己的交往方式以便更好地融入群体。作为家长，可以创造一系列条件，提高幼儿的交往机会和频率，扩大幼儿的交往范围和交往对象。如邀请朋友到家里做客，让孩子观察自己是怎么和同伴交往的，或带孩子到邻居家、亲戚家做客，多参与交往活动；或者有需要时让孩子帮助自己购买东西，体验与陌生人沟通等力所能及的事情，锻炼孩子的人际交往能力，增加孩子的交往自信心。

(4)提高家长对新媒体的认识，家园合力减少电视等新媒体对幼儿的负面影响。被无处不在的媒体包裹下的幼儿，不可避免会受到各类信息的影响，作为家长和老师，应引导幼儿合理使用电子新媒体。如家长和孩子一起看电视或玩电子产品，充分发挥成人的中介作用，协同孩子理解电视内容，对攻击性行为表示反对，帮助孩子建立行为与后果之间的联系。另外，幼儿教师应协同家长，控制幼儿接触电视及电子产品的时间和内容，鼓励幼儿多进行户外活动、与同伴互动，避免让孩子度过一个被多媒体“遥控”的童年。①

家庭、幼儿园合力创设一个良好的交往环境和充足的交往机会，才能更好地帮助幼儿在实践交往过程中掌握与他人交往的技能，更好地适应环境，应变社会，全面、和谐、健康发展。

① 刘晶波，等.幼儿园社会领域教育精要——关键经验与活动指导[M].北京:教育科学出版社，2015:37-38.

第三节 促进学前儿童交往能力发展的活动设计与指导

一、促进学前儿童交往能力发展活动设计

优化的学前儿童交往能力发展活动设计是顺应幼儿交往能力发展的前提基础。在学前儿童交往实践中,活动设计应该是多样的。我们既可以专门对幼儿进行交往技巧训练,也可以通过限制游戏材料等形式让幼儿在游戏中提高交往技能,还可以通过组织集体教学进行交往能力的培养。

(一)设计的原则

1. 正面性原则

正面性原则是指向幼儿传授的交往理念、交往技巧技能应该是正确的、合理的,是正面积极的人际交往规则。教学内容安排、教学组织形式选择和教学方法的运用应符合幼儿年龄特点和交往特点。如中三班的孩子和中二班的孩子抢一个玩具车,作为中三班的老师不能出于保护自己班孩子的心思而偏颇哪一方,而应站在公平公正的角度,向幼儿传授基本的、正确的交往知识和技能,教师在行动上恰当的交往行为也有助于为儿童树立正确的人际交往观念。

2. 日常性原则

日常性原则是指幼儿交往能力发展的活动应该贯穿在幼儿的一日生活

中，教师要善于捕捉一日生活中的教育契机，合理利用生活中的随机事件，因时因地进行及时教育。如表扬早上入园时友好与老师和小朋友打招呼的儿童，娃娃家正在玩耍的小朋友们发生争夺事件时，首先引导孩子用语言表达“我们一起玩好吗？”“对不起”“你先来，你先玩吧”等语言技巧；其次，教会幼儿学会等待、轮流，遇到矛盾试着自己解决，逐步学会与同伴做朋友。

3. 发展性原则

发展性原则是指幼儿园交往能力活动要促进幼儿知识水平和体力、智力、情感、道德、个性等方面的发展，使幼儿从现有发展水平向最近发展区域发展。发展性包括活动设计应适应幼儿的发展水平，及适应不同幼儿的发展水平两个方面。见下表，学前儿童交往能力活动设计可根据交往能力的年龄发展特征进行安排。

表3-3-1　幼儿人际交往能力发展年龄发展指标[①]

一级指标	二级指标	三级指标		
		小班（3～4岁）	中班（4～5岁）	大班（5～6岁）
人际交往	喜欢交往	喜欢和小朋友交往；喜欢与熟悉的长辈交往	有较为固定的小伙伴，有事愿意告诉长辈和小朋友	喜欢结交朋友；愿意向别人请教；愿意与大家分享
	能与同伴友好相处	在交往中能友好地提出请求；在成人的指导下，不争抢、不独霸玩具；与同伴发生冲突时，能听从成人的劝解	掌握加入同伴交往的简单技巧；能轮流、分享；能在他人的帮助下和平解决冲突；愿意接受同伴的意见和建议；不欺负弱小	能想办法吸引同伴和自己一起游戏；能与同伴分工合作；协商解决冲突；能倾听和接受别人的意见；不欺负别人，能保护自己
	自尊、自信、自主的表现	根据自己的兴趣选择活动；为自己的进步感到高兴；自己能做的事情自己做	按自己的想法进行活动；知道自己的优点和长处；不喜欢依赖别人；敢于尝试一定难度的任务	能主动发起活动；有一定的上进心；不会的事情愿意学；主动承担任务；遇到困难能够坚持；敢于坚持自己的意见

① 袁指挥．幼儿社会教育与活动指导[M]．北京：高等教育出版社，2014:76.

4. 多样性原则

学前儿童交往能力活动设计在形式上多样化，如采用集体游戏、小组游戏、混龄游戏等。增加不同年龄、不同群体儿童间的互动，提高幼儿的交往机会和频率，使幼儿的交往范围不断扩大，交往对象不断扩展。在角色游戏中，利用孩子扮演“售货员”“医生”“病人”“顾客”等角色交往，激发孩子交往兴趣，通过“大带小”活动，培养学前儿童的责任感和自觉的意识行为，逐渐学会协调自己与他人的不同认识，学会理解帮助他人。

【知识链接】

最近发展区

维果斯基的“最近发展区理论”，认为学生的发展有两种水平：一种是学生的现有水平，指独立活动时所能达到的解决问题的水平；另一种是学生可能的发展水平，也就是通过教学所获得的潜力。两者之间的差异就是最近发展区。教学应着眼于学生的最近发展区，为学生提供带有难度的内容，调动学生的积极性，发挥其潜能，超越其最近发展区而达到下一发展阶段的水平，然后在此基础上进行下一个发展区的发展。

（https://baike.so.com/doc/6303311-6516836.html）

（二）设计思路

学前儿童交往能力发展活动设计既要考虑原则，又要从以下几个基本思路考虑：确定活动目标、选择活动内容、做好活动准备、设计活动过程。

1. 确定活动目标

确定学前儿童交往能力的活动目标要符合幼儿的年龄特点和发展水平，但同时目标定位又要在儿童的最近发展区，要从落实行动、激发情感、提高认识等方面着手。如小班活动“礼貌小天使”旨在让小朋友学习日常礼貌用语

（请、谢谢、对不起），并在适当的场合运用，初步培养文明礼貌行为和意识。

2. 选择活动内容

活动内容要围绕活动目标，针对不同年龄儿童的发展水平设置活动内容，且要贴近幼儿的生活或选择幼儿感兴趣的内容。如提高小班的礼貌用语——“礼貌小天使”，探索向同伴借玩具策略——“借玩具”，帮助幼儿解决冲突的“对不起，真神奇”……

3. 做好活动准备

活动目标确定后，老师需要根据活动目标的要求及幼儿的交往能力发展需要创设一定的学习环境，提供活动的操作材料，如游戏材料、音乐、绘本等。

4. 设计活动过程

活动过程的不同部分有不同的作用。“导入部分”在于吸引儿童的注意力，调动幼儿的兴趣和情绪。“基本部分”中，教师要考虑活动环节的先后顺序，要考虑何时且如何提问，以启发幼儿思考。要考虑手段和方法的结合运用，以激发幼儿在活动中的主动性。

教师的活动设计是有目的、有计划、有步骤的活动，只是教学过程的大致预演，在实际教育教学中，还会不断出现新的情形、新的问题和新的教育机会，这就要求教师在教育活动中不仅要注意既定目标的达成，还要注意教育活动的生成，敏锐发现新的、有价值的教育契机。

二、活动范例和分析

礼貌小天使（小班）

◇教学目标

1. 学习日常礼貌用语（请、谢谢、对不起），并在适当的场合运用。
2. 初步培养文明礼貌行为和意识。

◇教学准备

1. 小兔和小狗玩具。

2. 幼儿用书。

◇教学过程

一、导入(教师出示小白兔和小狗玩具,以简短的故事引出活动主题)

师:今天来了两个小动物,大家知道它们是谁吗?

幼:小白兔!

幼:小狗!

二、教师一边演示玩具,一边说故事(让幼儿根据故事的情境学说礼貌用语)

师:小兔和小狗是好朋友,它们经常在一起玩。有一天,它们在家里一起搭积木,小兔想用一块方形的积木搭屋顶,可是小兔没有,它看见小狗那里正好有一块。它该怎么向小狗借玩具呢?

幼1:我想玩你的积木!

幼2:我可以玩你的积木吗?

师:现在让我们一起来学一学小兔说的话吧。

幼儿集体模仿。

三、教师继续讲故事

师:小兔对小狗这么一说,小狗就把方形积木借给它了。这时,小兔应该说什么呢?

幼:谢谢小狗。

教师小结:当别人帮助了你的时候,应该说“谢谢”。现在,让我们一起来学习一下小兔是怎样向小狗道谢的吧。

幼:谢谢小狗狗,你真好!

四、教师继续讲故事

它们俩在一起玩了一会儿积木。这时小狗看见外面天气很好,便对小兔说:“我们一起出去玩吧!”小兔高兴地答应了。它们来到草地上,小兔和小狗玩起了转圆圈的游戏。它们一起转呀,转呀,小狗玩得太开心了,一时间忘了要和小兔抓紧手，突然，小兔一下子摔在了地上，它“呜呜”地哭了起来。小狗这时应该怎么说呢？小兔又会怎么回答呢？

幼1：呀！小兔子受伤啦！

幼2：对不起，小兔子，我不是故意的。

幼3：小白兔要说没关系。

教师小结：不小心伤害到别人的时候要说“对不起”，原谅别人的时候就说“没关系”。让我们一起来学一学小兔和小狗的对话吧！

幼儿集体模仿。

五、看幼儿用书，让幼儿体验如何说礼貌用语

教师：小朋友们，看看书上画了些什么，猜猜他们在说什么。

小结：书上的小朋友和刚才故事里的小兔和小狗一样都很有礼貌。当得到别人帮助的时候要说“谢谢”，不小心伤害别人的时候要说“对不起”，原谅别人的时候就说“没关系”。

◇活动延伸

1. 在我们的日常生活中，我们还会说哪些礼貌用语呢？
2. 小结：进幼儿园时应该说“老师早”，回家的时候就说“老师再见”。
3. 一起学习礼貌歌。

◇活动评析

小班幼儿从入园开始就跨入了一个陌生的集体，认识许多成人和同伴，他们的交往范围扩大、交往活动增加，一些从未碰到过的矛盾和困难由此产生。根据这一特点，针对刚入园的幼儿不懂礼貌，不会使用礼貌用语，和同伴交往过程中容易产生一些冲突，本活动采用故事的形式，用他们喜欢的动物交往行为和交往语言引导他们学会礼貌交往的方式方法，体会正确交往的快乐。

我的新朋友（中班）

◇活动目标

1. 乐意交新朋友，感受新朋友的快乐。

2. 进一步了解名片的作用。

3. 能大胆地介绍自己，与同伴分享、合作。

◇活动准备

1. 歌曲：《友谊舞》《找朋友》。

2. 幼儿和家长一起制作一张名片，自带一件物品。

3. 请几位幼儿不认识的老师做客人。

◇活动过程

（注：活动前半部分在菠萝班、香橙班两个班上分别进行）

一、游戏“猜猜我是谁”，引入活动

师：刚才参加游戏的小朋友，蒙上了眼睛，为什么都能很快猜出后边的小朋友呢？

幼：因为我们都是一个班的同学，天天都在一起，很熟悉了，我们都是老朋友了。

师：我们菠萝班的老朋友天天都在一起，你们快乐吗？

幼：快乐呀，昨天回家还打电话给我的好朋友了呢！

师：为什么很快乐？

幼1：因为羽西帮我搬了小椅子。

幼2：因为那天我哭了，东东帮我擦眼泪……

师：那如果我们有了更多的朋友会怎么样呢？

幼1：我还想要我的朋友……

幼2：可以很多人一起玩啊

师：你们想认识新朋友吗？

幼：想……

二、两位邻班教师（本班幼儿不认识的老师）带着礼物出现

“当当当……”响起敲门声，老师打开门：“真巧，一说到新朋友，现在就有新朋友来了。请进！”

新老师与小朋友打招呼，并分别做自我介绍。

三、幼儿做自我介绍

1. 刚才我们认识了新老师，现在怎样让新老师认识我们呢？

2. 请幼儿分别用名片、口头介绍。

3. 名片上面有些什么内容？（姓名、电话号码、住址……）

4. 老师小结名片的作用。（名片能让别人记得更清楚，更长久。）

（注：以下部分两个班在音乐厅进行）

四、自主交往活动

老师听说香橙班的小朋友也在寻找新朋友，老师和他们约好了在音乐厅见面，现在，让我们带上名片和礼物，一起去认识新朋友吧。

1. 音乐开始，两个班的小朋友分别从两个门进入。

香橙班：你们好，我们是香橙班的小朋友，香橙香橙，快乐心情！

菠萝班：你们好，我们是菠萝班的小朋友，菠萝菠萝，健康快乐！

两个班老师分别做自我介绍。

2. 幼儿自主交往。

五、小结（请幼儿和自己新认识的朋友手拉手在一起）

老师：你认识了几个新朋友？你是怎么去认识的？你和新朋友一起做了什么？你感觉怎么样？

小结：和朋友在一起真快乐，朋友越多，我们的快乐也多。

六、音乐《找朋友》，结束

老师：认识了新朋友真高兴，现在我们和新朋友一起唱歌、跳舞吧！

◇活动评析

1. 因有前期班级幼儿在一起学习生活，相互熟悉了解，有好吃好玩的东西及趣事分享的快乐体验，所以此活动能够顺利开展。此活动，教师以“猜猜我是谁”唤起幼儿认识新朋友的激情！

2. 活动中，教师以情境表演的方式，引导幼儿关注认识新朋友的方法，并设置情境让幼儿亲身参与交朋友的活动中，幼儿情感、态度、认知、行为都有一定的发展！

3. 幼儿社会性中的交往、合作能力的发展是一个长期的过程，教师关注了“如何利用各种资源达成社会领域目标”的问题，以幼儿的兴趣为基点，立足于幼儿现实与长远的发展，以幼儿喜爱的方式，预设或生成一些活动，让幼儿在活动中、在原有的水平上得到发展。因而，本次社会活动“认识新朋友”应该说在上述问题上得到了突破！

（来源：http://www.yejs.com.cn/Htm1Lib/17751.htm）

让我来帮助你（大班）

一、活动背景

在现代社会生活中，幼儿大多是独生子女，他们从小得到家庭、社会的关爱多，照顾多，而关心他人、帮助他人的意识比较淡薄。有的孩子甚至嘲笑残疾人，歧视残疾人，讨厌残疾人，看见残疾儿童甚至直呼他们瘸子、瞎子、傻子。因此，引导幼儿正确对待残疾人，让他们从小学会关心、爱护他人是迫在眉睫的事。我们结合5月20日的“全国助残日”，组织幼儿参观儿童福利院，慰问那里的残疾儿童，并为他们捐钱、捐物，献上一份爱心。让幼儿亲眼看到、亲身感受到残疾儿童失去健康的痛苦，学习和生活的艰难；看到福利院的叔叔、阿姨，以及社会各界对残疾儿童的精心照顾和关心。同时，这里许多血淋淋的、悲惨而真实的故事，对幼儿幼小心灵具有强烈的震撼作用，能积极有效地对孩子进行生动、直观的安全教育和自我保护教育。

二、过程实录

1. 活动目标。

（1）在活动中接触残疾人，了解残疾人，增强对残疾人的同情心和乐于助人的思想品德，学习残疾人坚强勇敢、克服困难的精神。

（2）进一步增强安全意识和自我保护意识。

（3）从身边做起，关心、帮助随班就读的智力落后儿童。

2. 活动准备。

（1）带领幼儿参观社会福利院，并拍参观活动录像片。

（2）为残疾儿童做一件好事。

3. 活动过程。

（1）导入活动，引起幼儿兴趣。

师：前几天，我们参观了社会福利院，你们在那里看到了什么？

幼A：社会福利院里有许多小朋友不会讲话，只会哇哇地叫，老师在为他们做手势。

幼B：我看到几个小朋友不会走路，手脚都特别短，还有的脚没有了，只能坐在轮椅上。

幼C：有的小朋友眼睛看不见，他们读书用手摸，走路用一根棒敲着走，真可怜。

师：这些身体有缺陷的人我们叫他们“残疾人”，这些孩子身体残疾以后非常痛苦，生活、学习都很困难。你愿意自己变成残疾人吗？

幼：不愿意！

师：让我们来看看这些小哥哥、小姐姐是怎么变成残疾人的。

(2)观看参观活动的录像片(选段1)，对幼儿进行安全教育。

师：老师把那天的活动录了下来，你们看哥哥、姐姐和小弟弟怎么了？他们的眼睛为什么看不见了？他们对小朋友说了些什么？

幼A：哥哥小时候玩炮仗把眼睛炸伤了，他说，现在我什么也看不见，心里真后悔。

幼B：小弟弟说，他生下来眼睛就看不见。

幼C：小姐姐说，前几年他们家里发生火灾，身体烧坏了，眼睛也烧瞎了。

师：小朋友，在我们的成长过程中会遇到许多危险。你们一定要记住爸爸、妈妈不在的时候，千万不要做危险的事情！你们知道哪些事情是危险的吗？

幼A：不能玩火，要烧起来的，人会烧伤，房子也要烧掉的。

幼B：发生火灾的时候马上打110救火，人要跑到安全的地方去。

幼C：我们不能一个人玩炮仗，会发生危险的。

幼D：炮仗爆炸很厉害，爸爸说，有人结婚放炮仗，一个炮仗掉在新娘的头上，新娘也炸伤了！我从来不玩烟花爆竹。

幼E：不能从高的地方往下跳，会摔坏的。

幼F：爸爸、妈妈不在家时，不能随便开煤气、玩带电的东西。

师：小朋友讲得很好，很对。我们不能玩火、玩电、玩煤气，不能爬得很高，不要做危险的事。

（评：通过残疾人的现身说法和幼儿充分的讨论，震撼幼儿心灵的严酷事实使他们进一步明确不注意安全的严重危害性，从而对此留下深刻的印象。）

（3）观看活动录像片（选段2），继续对幼儿进行安全教育。

师：明明在干什么？他为什么拄着拐杖？

幼：明明说，有一次，爸爸骑摩托车带明明和妈妈出去玩，遇上了车祸，爸爸、妈妈都去世了，明明的腿也断了，再也站不起来了。

师：明明想告诉我们什么？

录像：小朋友，我本来有一个温暖、幸福的家庭，然而现在我却变成了孤儿，我现在最大的痛苦不是失去了双腿，而是没有了父母的关爱，没有了家的温暖。你们应该提醒爸爸、妈妈外出开车一定要注意安全。

师：听了明明哥哥讲的话，你们会怎么做呢？

幼A：我们在马路上行走时要遵守交通规则。

幼B：走路要看红绿灯，要走人行道，不乱穿马路。

幼C：不在马路上玩，会被车子撞伤的。

幼D：告诉爸爸、妈妈开车时不要超速，注意安全。

师：马路上车辆很多，一不小心就会发生危险，我们必须时时刻刻都要注意安全。

（评：从交通等方面进一步拓宽安全教育的范围，丰富教育内容。）

（4）看录像片（选段3），引导幼儿感受残疾人自强不息的精神。

①张海迪阿姨人残志坚，坐在轮椅上看书、读报、写文章，自学成才。

②歌手郑智化自强不息，成为家喻户晓、大家喜欢的歌唱家。

③残运会上，我国运动员在比赛项目中勇夺冠军，走上领奖台。

师：小朋友，看了这三段录像，你想说些什么呢？

幼A：这些残疾人叔叔、阿姨真了不起，我很佩服。

幼B：他们虽然身体残疾了，但是他们很努力，很坚强。

幼C：我还看到过只有一条腿的人跳舞，坐在轮椅上打篮球。

师：我们要向他们学习，不怕困难，通过自己的努力做好身边的事。

（5）看录像片（选段4），社会各界关心帮助残疾人。

①警察叔叔搀扶盲人阿姨过马路。

②几位小学生为手拿地图的聋哑人夫妇指路。

师:现在社会上都很关心、帮助残疾人。我们班也有一个智力落后的小朋友,你想怎样帮助他呢?

幼A:不许骂他傻子,和他一起玩,帮他上下楼梯。

幼B:帮他上厕所,和他一起画画、游戏。

(评:通过启发幼儿讨论、交流,引导他们增强关心、帮助残疾人的意识。)

(6)结束活动。

师:让我们来听听大家喜欢的歌曲《爱的奉献》,互相说说在福利院做了什么好事,今后怎样对待残疾人,也可以到外面,边玩边说。

三、活动延伸

定期带领幼儿去福利院,盲聋哑学校等去参观、交流,为那里的孩子做好事。使健康的孩子和残疾的孩子联系更多,接触更多。

四、活动评价

幼儿园的安全工作以及对幼儿进行安全教育,责任重于泰山。组织幼儿参观福利院是一次很有意义的社会活动,也是十分有效的教育活动,并且把认知、情感、意志、品质、行为等教育融为一体,孩子们感触深,记得牢。

1.福利院集中了因各种安全事故造成伤残的人员,有火灾、交通事故等,这对幼儿来说,是一种活生生的反面教材,一个个惨痛的事实,会给孩子留下十分深刻的印象,使他们终生难忘。同时孩子们通过参观、讨论、看录像等活动,进一步明白了注意安全和自我保护的重要性,增长了有关知识,学会了一些自我保护的方法。

2.通过活动使孩子知道,应该正确对待残疾人,同情、照顾、关心、帮助残疾人,从身边做起,从点点滴滴做起。使幼儿从中体验到人与人之间相互理解、相互关心的重要性,感受到帮助他人,奉献爱心所获得的快乐。同时,要学习残疾人自强不息、奋发进取的可贵精神。

(来源:http://y.3edu.net/dbsh/11781.html)

【小结】

本章主要介绍了三个部分的内容:第一部分是学前儿童交往能力发展的意义及影响因素,主要从儿童交往类型和影响交往的因素着手;第二部分分别从幼儿园的真实情境、专门的教育活动、教师角色、家园合作等方面论述促进学前儿童交往能力发展的途径与方法;第三部分是学前儿童交往能力发展的活动设计与指导,主要从学前儿童交往活动的设计原则和思路,及案例分析介绍等方面进行阐述。

真题解析

1. 渴望同伴接纳自己,希望自己得到老师的表扬,这种表现反映了幼儿(　　)。
A. 自信心的发展
B. 自尊心的发展
C. 自制力的发展
D. 移情的发展
【答案】B。
2. 为了解幼儿同伴交往特点,研究者深入幼儿所在的班级,详细记录其交往过程的语言和动作等。这一研究方法属于(　　)。
A. 访谈法
B. 实验法
C. 观察法
D. 作品分析法
【答案】C。观察法是在自然情境中有计划、有目的地收集幼儿的行为与言语,以了解幼儿心理与行为的一种方法。
3. 幼儿教师了解幼儿的最主要目的是(　　)。
A. 为更好地促进幼儿发展提供依据
B. 为教师专业成长提供依据

C. 为建立幼儿档案提供依据

D. 为检查评比提供依据

【答案】 A。

4. 材料分析题(每题 20 分)

奇奇是这样一个孩子:他胆子小,上课不主动发言,即便发言,小脸也涨得通红,声音很小,特别害怕失败与挫折。他也不爱与同伴交往,老师和小朋友邀请他时,他总是把头摇得像拨浪鼓似的……

阅读材料,回答下面的问题:

(1)造成奇奇性格胆小的可能因素有哪些?(12 分)

(2)你觉得该怎样帮助奇奇?(8 分)

【答案】

(1)影响幼儿性格形成和发展的因素主要有:

①遗传的作用。人的神经系统类型在性格形成中有一定的作用,人的气质影响着性格特征的外部表现。研究还表明,神经系统的某些遗传特性可能影响到某些性格的形成,加速或延缓某些行为方式的产生和发展。材料中奇奇的气质类型属于抑郁质,其气质特点是:敏锐、稳重、多愁善感、怯懦、孤独、行动缓慢。对于抑郁质的孩子,要培养机智、敏锐和自信心,防止疑虑、孤独。

②家庭的影响。家庭的教育态度和教育方式对儿童性格的形成与发展有着直接的影响。研究证明,父母教育方式、家庭生活氛围和父母的性格对儿童的性格形成有明显的影响。还有,家庭的政治经济地位、父母的文化素养、为人处世方式、儿童出生顺序等因素也潜移默化地影响着儿童性格特征的形成与发展。材料中奇奇特别害怕失败和挫折与其家庭教育态度和方式有关,家庭教育是幼儿教育的重要组成部分,家长的言谈举止,有意无意地在潜移默化地影响着幼儿。

③幼儿园教育的作用。幼儿园的教育和教学对儿童性格的形成起主导作用。材料中奇奇上课不主动发言,即便发言,小脸也涨得通红,声音很小,这可能与幼儿园的教育环境(氛围)和幼儿教师的教学形式、方法有关。

④社会环境的影响和社会实践活动的作用。材料中奇奇不爱与同伴交往,是因为其社会性交往发展尚未成熟,不能主动地与同伴交往,或与同伴不

能友好相处，这与其所接触的社会环境和社会实践活动有关。

（2）帮助孩子克服胆怯：教师应该耐心地帮助孩子，使孩子从教师的话语中、行为中感受到关爱和信任，这对孩子消除自卑非常重要。

①我们要消除孩子的胆怯，需多鼓励孩子。老师要多给那些胆怯的孩子必要的关怀。刚开始，孩子只要有一些进步，都要给予热情和真诚的鼓励，孩子最相信老师的权威，最相信老师的评价。所以，老师的帮助是非常重要的。而且老师要经常关注孩子在幼儿园的表现，帮孩子重建自信，主动叫他回答问题，还要用赞赏、鼓励的眼光看着他，这样，孩子在老师的不断表扬和反复鼓励下，产生被认可、被接受的感觉，增强大声讲话的信心，有助于消除讲话时的紧张感，从而克服胆怯。

②用多种方式引导孩子。教师要积极创造一种轻松、欢快的氛围，如区域活动、娃娃家等。在这种氛围中，孩子的个性可以尽情展露，也利于他讲话、笑闹、蹦跳，无所顾忌。善于利用角色游戏，能让孩子理解自己在日常生活中所能扮演的角色，因势利导，避免枯燥乏味的说教。

③培养孩子的责任心有利于克服胆怯行为。我们不必事事抢在孩子前面，不必把他们照顾得无微不至。我们可以明白地告诉孩子他们应负责的范围。逐渐让孩子担负起一定的责任，把责任的接力棒传到孩子的手中，如：值日。

思考与练习

1. 学前儿童交往类型及影响因素有哪些？
2. 同伴交往在学前儿童发展过程中的作用是什么？
3. 幼儿园教师可以从哪几个方面促进幼儿的交往能力？
4. 设计一个关于提升中班小朋友同伴交往能力的教学方案。

第 4 章

学前儿童社会适应能力发展与活动指导

佳佳进入幼儿园已经半个月了，每天早晨入园仍旧眼噙泪花，嘴里一直和妈妈说着："我不要去幼儿园，我也不要和小朋友玩，我要在家里和妈妈玩。"幼儿园教师与佳佳妈妈沟通，佳佳的个性较为敏感，对变化的新环境（家庭到幼儿园）感到陌生，对小朋友也不熟悉，在入园初，出现对环境、人群、班级规范不适应的表现。学前儿童社会教育围绕幼儿社会性展开教育，针对幼儿的社会适应问题，我们要了解学前儿童社会适应包括哪些内容，如何培养幼儿的社会适应能力。

【学习目标】

1. 了解学前儿童社会适应能力的内涵及内容。
2. 熟知促进学前儿童社会适应能力发展的途径与方法。
3. 掌握学前儿童社会适应能力发展的活动设计与指导策略。

【学习重难点】

1. 了解学前儿童不同的社会适应能力内容，灵活掌握促进适应能力提高的途径与方法。
2. 学前儿童社会适应能力的活动设计原则与设计路径。

【知识结构图】

- **学前儿童社会适应能力发展与活动指导**
  - 学前儿童社会适应能力及内容
    - 学前儿童社会适应能力的内涵
    - 学前儿童社会适应能力的内容
  - 促进学前儿童社会适应能力发展的途径和方法
    - 促进学前儿童适应群体能力的途径与方法
    - 促进学前儿童适应交往能力的途径与方法
    - 促进学前儿童适应社会规范能力的途径与方法
    - 促进学前儿童适应周围环境突变能力的途径与方法
  - 促进学前儿童社会适应能力发展的活动设计与指导
    - 促进学前儿童社会适应能力发展的活动设计
    - 促进学前儿童社会适应能力发展的活动指导策略
    - 活动案例分析

第一节 学前儿童社会适应能力及内容

一、学前儿童社会适应能力的内涵

适应描述的是一种状态，适应能力正是个体应对这种状态而产生的一种能力，即个体根据外界环境的变化而进行不断调整以达到与环境保持和谐发展的能力。皮亚杰从认知发展的角度，认为适应的本质是通过同化与顺应取得机体与环境的平衡。儿童心理的发展既不是起源于先天成熟，也不是起源于后天的经验，而是起源于主体的动作，主体通过动作实现对客体的适应。由此，适应在心理学中用来表示主体对环境变化做出的反应，如对光等物理刺激变化的适应、人的社会行为的变化适应等。[①] 一般谈及适应能力，更多指向个体的社会适应能力，是人们为了在社会中更好地生存而进行的心理上、生理上以及行为上的各种适应性的改变，与社会达到和谐状态的一种执行适应能力，包括社交能力、处事能力、人际协调能力，等等。然而在学前教育阶段，人们对学前儿童适应能力的关注，还需考虑学前儿童身心特点，这恰恰在《指南》中也有所体现。《指南》根据幼儿的年龄特点，在幼儿对新环境和集体生活的适应等方面提出了学前儿童社会适应能力发展的具体目标。

学前儿童的社会适应能力具有重要价值。一方面，良好的社会适应能力能促进学前儿童的探索，帮助学前儿童对外界陌生环境建立一定的秩序感，

① 洪明. 少年儿童社会适应文献研究综述[J]. 少年儿童研究，2011 (8).

能够接纳外界的变化，这恰恰为学前儿童的探索提供足够的心理支持空间；另一方面，良好的社会适应能力又为学前儿童独自探索世界奠定基础。随着学前儿童自我意识的增强，他们更倾向和喜欢自己去探索未知的环境，作为教育者应尽量为学前儿童提供独立探索的空间和机会，为幼儿的自主性、主体性发展提供支持，幼儿良好的适应能力恰能帮助幼儿独立去探索环境，为幼儿独立面对陌生的环境、处理问题、解决问题提供基础。

从自然人转化为社会人是人类个体必经的过程，幼儿只有习得所在社会群体的价值观和行为方式才能成为社会中合格的一员，学前儿童良好的社会适应能力是其习得社会群体价值观和行为方式的重要支持条件。对幼儿来说，对外界社会的适应能力本身体现为幼儿社会性的发展，良好的适应力必然加速幼儿社会化的发展，在这个过程中幼儿会习得适应群体能力、与人交往能力、适应社会规则的能力等，从而来应对社会发展的需求。

二、学前儿童社会适应能力的内容

社会适应能力是指人类为了更好地在社会上生存，进行心理的、生理的以及行为上的各种适应性改变，达到与社会和谐共处的一种能力。学前儿童的社会适应能力是在幼儿出生后由自然人转化为社会人的过程中逐渐习得的。学前期是个体社会适应能力发展的关键期，学前儿童的社会适应能力不仅影响到幼儿与小学的衔接，还会对幼儿的终身发展产生很大的影响。当今有一些幼儿不能较好地适应周围的生活环境，独立性较差，人际交往能力弱、规则意识不强，这正是幼儿社会适应能力不良的表现。由此，学前阶段应将幼儿社会适应能力的培养作为一个重点，这将有利于幼儿全面健康的发展，也为幼儿今后的健康成长奠定基础。

学前儿童的社会适应是在与社会环境相互作用中，不断地学习与磨合各种行为，最终达到与社会环境相互平衡的状态，这个过程也是幼儿逐渐接受所在群体的生活方式、社会规范的过程。学前儿童社会适应能力的发展至关重要，而对其具体内容的把握则在很大程度上影响着学前儿童社会适应能力的发展。根据学前儿童社会适应能力要素与我国相关政策文本（比如《纲要》《指南》），我们将学前儿童的社会适应能力分为学前儿童对群体的适应能力、对人际交往的适应能力、对社会规范的适应能力、对周围环境突变的适应能力。

（一）对群体的适应能力

群体是同种生物个体组成的整体，是指人们彼此之间为了一定共同目的，以一定的方式结合到一起，彼此之间存在相互作用，心理上存在共同感并具有情感联系的两人以上的人群，人类的生活环境是由不同群体有机组合起来的。幼儿作为群体中的一员，要具备适应群体的能力。3～4岁阶段的幼儿，《指南》中明确提出，应该对群体活动有兴趣；对幼儿园的生活好奇，喜欢上幼儿园。首先，随着幼儿对幼儿园群体生活的熟悉，入园、离园的哭泣逐渐减少。幼儿入园哭闹是幼儿不适应幼儿园的主要表现之一，大部分幼儿在入园适应的过程中都会出现不同程度的哭闹现象。入园哭闹是指在晨间入园时，幼儿因不愿与家长分离而产生的哭闹行为。幼儿离园哭泣一种是指幼儿在离园过程中家长来接时看到家长而产生的哭泣行为；另一种则是指家长来得较晚，幼儿看到其他家长来后由于焦虑而产生的哭泣行为。其次，幼儿在园的一日生活中情绪较为稳定，尤其是随着对幼儿园逐渐熟悉，在园中寻找妈妈、整日依赖教师的现象逐渐减少，幼儿在游戏或玩玩具过程中情绪愉悦。4～5岁阶段的幼儿，《指南》指出幼儿愿意主动参与群体生活，愿意和家长一起参加社区的群体活动。具体来说，该阶段应该具备主动表达，情愿参加群体活动，尤其是能够参与到幼儿园内部的不同班级、家庭亲戚、社区中的聚会和活动。该阶段的幼儿随着生活圈子的扩大，人际交往意识与能力的提升，幼儿参与群体的主动性得到提升，同时对自身周围的陌生环境与群体愈加感兴趣，具有一定的接触陌生环境的经验。5～6岁阶段的幼儿，《指南》中提到在群体中积极、快乐；对小学生活有好奇和向往。该阶段的幼儿应该具备参观小学的经验，能够讲讲小学有趣的活动，对小学生活的好奇和向往，具有前期的储备经验。此外，在群体中，幼儿能够主动积极承担一定的任务，能够根据群体内部的共同目标努力完成任务。

（二）对人际交往的适应能力

交往是指人们运用言语或非言语符号相互交流信息、沟通情感的过程。幼儿的交往是指幼儿与成人、同伴在生活中学会表达自己的愿望、了解别人交往的需求，学会沟通，具备一定的交往技能，相互理解。交往是促进幼儿社会化的重要途径，引导幼儿学会交往、提高交往技能具有重要意义。3～4岁阶段的幼儿，《指南》对其交往能力的概括非常精炼和准确：幼儿愿意和小朋友一起游戏，愿意和熟悉的长辈一起活动；在加入同伴游戏时，能够友好地提出请求；在成人的指导下，不争抢、不独霸玩具，在与同伴发生冲突时，能够听从成人的劝解。4～5岁阶段的幼儿喜欢和小朋友一起游戏，有经常一起玩的小伙伴，喜欢和长辈交谈，有事情愿意告诉家长；运用介绍自己、交换玩具等简单技巧加入同伴游戏，能够与大家轮流和分享喜欢的东西；不欺负弱小，在与同伴发生冲突时，能够在他人的帮助下和平解决；活动时愿意接受同伴的意见和建议。5～6岁阶段的幼儿有自己的好朋友，也喜欢结交新朋友；有问题愿意向别人请教，也高兴与大家分享有趣的事情；想办法吸引同伴和自己一起游戏；活动中能与同伴分工合作，遇到困难能一起克服；与同伴发生冲突时能自己协商解决；能倾听和接受别人的意见。

（三）对社会规范的适应能力

规范是在社会群体或社会组织的人际交往中集体期待行为准则的概括化。规范是一种行为评价标准，用来衡量群体成员的行为与群体期望的符合程度。规范表明了在群体或者组织中，期望的行为是什么，或者成员的行为应该怎样。[①] 社会规范在本质上是一种关系范畴，是调节行为主体间关系、规范行为主体参与社会生活的行为准则。[②]在社会化的进程中，幼儿的社会规范意识的培养非常关键，它对幼儿参与群体生活，规范自身的行为以及探索社会交往原则与行为至关重要，是幼儿融入群体生活的重要保障。3～4岁的幼儿能够在提醒下，遵守游戏和公共场所的规则；知道不经允许不拿别人的东西，借别人的东西要归还；在成人的提醒下，爱护玩具和其他物品。4～5岁的幼儿能够感受规则的意义，能基本遵守规则；不私自拿不属于自己的东西；知道接受了任务要努力完成；在提醒下，能节约粮食和水电。5～6岁的幼儿能理解规则的意义，能与同伴协商制定游戏和活动规则；爱惜物品，用别人的东西知道爱护；做错了事情敢于承认，不说谎；能认真负责地完成自己所接受的任务；爱护身边的环境，注意节约资源。

---

① 鲍欣钦.幼儿园小班班级规范事件研究[D].南京:南京师范大学,2005.

② 裘指挥.幼儿社会教育与活动指导[M].北京:高等教育出版社,2014:200.

（四）对周围环境突变的适应能力

婴儿出生时就已经历环境的突变，在出生过程中从母亲温暖的腹中环境转为干燥而寒冷的外界自然环境，但婴儿的体温一直处于稳定状态。这种对外界环境突变的适应已经为幼儿日后对环境的适应奠定基础，甚至得到了某种延续。在幼儿的生活中，经常会出现环境突然变化的情况，比如突然下雨了、突然停电了、路上突然颠簸、突然声响，等等。而这突如其来的环境变化对幼儿是一种考验，也是幼儿对生活环境适应的体现。在《指南》中也提到幼儿要能适应车、船等交通工具造成的轻微颠簸。幼儿对外界环境突变的适应是在生活中、体验中不断形成的，教师和家长应该有意识地在日常生活中发现外界环境的变化，并能快速做出反应，引导幼儿对此做出判断和采取一定的策略。

第二节 促进学前儿童社会适应能力发展的途径和方法

一、促进学前儿童适应群体能力的途径与方法

(一)做好入园适应,减轻入园焦虑

幼儿园是幼儿从家庭走向社会的第一步,也是幼儿开始走向集体生活的第一步,做好入园适应,是幼儿成功适应集体生活的第一步,否则容易造成孩子面对新环境的焦虑,面对陌生人时的孤独和无助。为提高入园适应的效果,建议可以做出如下努力:与年龄大点的并已经读幼儿园的孩子做朋友,请他们介绍幼儿园的趣事,让孩子对幼儿园生活有期待;带孩子一起准备入园所需的物品,增强其主人翁意识;提前熟悉幼儿园环境(通常情况下,幼儿园丰富的玩具和材料是吸引孩子的重要内容);1 ~ 2周的亲子周,家长和幼儿一起参与教师组织的一日(半日)活动,让幼儿了解幼儿园一日活动安排及要求的同时,将幼儿园的教育理念、课程内容以及教师的教育和引导方式传达给家长;教师和家长多以正面积极引导的方式挖掘幼儿在园的优点和进步,不批评、不惩罚、不挑剔。

(二)建立同伴成长共同体,发挥同伴的榜样示范力量

班杜拉的"社会学习理论"强调观察学习和榜样示范的力量。幼儿的同伴群体有着共同或相似的生活经验,对事物的认识和理解的方式也大致相

同，因此，不论是学习、活动还是常规，成人的说教往往不如幼儿同伴群体的榜样示范效果来得更好。为幼儿搭建学习成长的共同体显得尤为重要：以班级、小区或父母的朋友群体为单位，几个家庭联合起来，共同为幼儿的成长搭建平台，共同体定期组织出游、聚餐，在此过程中让幼儿体会在群体中，每个人的角色和身份是不同的，不同的个体为人处事的方式也会有所不同，进而习得恰当的文明礼仪，待人接物的方式，谦让、担当等群体生活所需的品质和能力。

（三）利用同伴冲突的契机，提高幼儿解决问题的能力

在幼儿阶段，由于幼儿共情、共享等意识和能力还比较弱，往往会出现因争抢玩具或排位而产生的推搡、攻击等行为，有时甚至会出现幼儿之间打抱不平的现象。如果引导得当将有助于幼儿反思自身行为，学会从他人的角度去思考问题，寻找恰当地解决问题的方式方法（如合作、交换、轮流等待）；否则，将可能导致幼儿的退缩、逃避等不良行为的出现。具体可以用“自然后果法”，如：因抢夺他人物品而获胜的孩子可能会不受同伴欢迎，为此他就要学会去商量，拿自己的物品去交换或是其他方式去获得；一个老是欺负他人的幼儿可能在被别人欺负一次之后突然顿悟到被他欺负的幼儿是多么伤心难过，进而改变自身的为人处事的方式；当老师或同伴的某些要求或规则有许多小朋友违背的时候，幼儿就要去协商该规则的合理性并尝试提出大家都认可的新规则。

（四）肯定幼儿在群体中的角色和作用，增强群体生活的自信

人是群居动物，每个人在一个群体中都有自身的角色和作用，这些角色的分配有时是权威人士（教师、家长）给定的，有时是在群体活动中自发形成的，角色有时候是领导者与被领导者、决策者与执行者的关系，有时候是平等互助的合作关系，但是不论怎样，每个人在群体中的角色都是有价值的。如：在童话剧表演中，往往主角就那么几个，其他的群众演员，有些甚至是一句台词没有的大树或其他道具，更有甚者只是参与了道具准备而没有参加表演的，每一个个体都为群体的成功付出了劳动，做出了贡献都要肯定；在建构游戏中，没有“勤杂工”的搬搬拿拿，“建筑师”的工作往往没有那么顺利；在有竞赛性质的体育游戏中（如接力赛、钻山洞、5人6足、赛龙舟）更是如此，一个人

的能力再强，如果没有团队的合作，往往事倍功半。成人善于利用幼儿在群体中的角色和作用，让幼儿充分感受到自身在群体中的分量，是帮助幼儿适应群体生活的关键要素。

二、促进学前儿童适应交往能力的途径与方法

（一）创造良好的同伴交往环境

同伴交往是幼儿积累交往经验、养成良好交往能力的关键。在培养幼儿同伴交往能力的过程中，成人要注意为幼儿提供适宜交往的物质环境与心理环境。物质环境主要指活动室空间的安排、活动材料的提供等方面，其对幼儿的社会交往活动发挥着积极或消极作用。例如，整洁有序的物质环境会在一定程度上安定幼儿的情绪，增加其行为的有序性；杂乱无章的物质环境则可能使幼儿浮躁不安，易发生冲突。心理环境是指教师通过自身与幼儿的交往行为、态度及其对幼儿的引导所营造的心理氛围，主要通过影响幼儿的情绪情感、态度倾向等反应特征而对其交往能力发挥作用。在充满关爱、鼓励的心理环境下，幼儿会表现出更多的亲社会行为。

（二）积累必要的同伴交往知识与技能

在幼儿交往能力发展方面，教师的作用主要在于当幼儿试图与同伴建立友好关系时，帮助他们增加成功的机会。教师如果希望自己对幼儿同伴交往能力有更多影响，就需具备三种能力：首先，教师必须了解幼儿与同伴成功交往所需的技能，如发起交往、维持交往、解决冲突等；其次，教师需要掌握有关幼儿同伴交往能力的知识，以便使教师了解在不同情况下该为幼儿提供什么样的同伴交往支持；再次，教师还应在实践中总结经验，形成一套行之有效的支持策略，例如在某种情况下，一个幼儿需要提供多少帮助就能达到他的交往目标，如何能够让幼儿之间彼此关注，而不需要教师提示；等等。

（三）正视幼儿的同伴交往冲突

同伴冲突是幼儿园的常见现象。作为教师，必须明白同伴冲突是幼儿之间不可避免的一种重要的交往形式。虽然冲突会给同伴关系带来一定的负面影响，但是同伴冲突也是对个体交往能力发展的挑战。幼儿在解决冲突的

过程中，会逐渐获得观点选择能力，学会沟通、协调与互助，增加社会经验和规则意识，提高交往能力。因此，教师在对待幼儿同伴冲突的时候，应本着引导与教育的原则，让幼儿在“实战”中逐渐习得合理解决冲突的策略，而不只是看重冲突的结果。此外，教师还应注意帮助幼儿建立同伴支持网络，引导部分交往能力强的幼儿为同伴提供支持和帮助，这对于在同伴中受到排斥的幼儿尤为有益。

三、促进学前儿童适应社会规范能力的途径与方法

（一）利用环境进行社会规范的适应影响

在幼儿园，幼儿是具有内在吸收心智的个体，环境有着非常重要的作用。社会规范除了正规教育进行影响之外，环境的作用不可小视。比如，区域活动中幼儿进区的规则，以图文并茂的方式呈现，幼儿在行动中、操作中感受社会规范；幼儿的盥洗室，幼儿洗手与如厕的规范图，同样是形象、生动、直观地为幼儿展现了社会规范的流程与操作。比如幼儿园楼梯两侧的文明礼仪图片，让幼儿在环境中潜移默化习得社会规范。

（二）充分利用教师重要他人的角色，建设良好的规范互动机制

幼儿教师作为幼儿生活中的重要他人，同时也是幼儿崇拜的对象，其一举一动都能够影响到幼儿在以后生活中的处事态度。班杜拉的社会学习理论提出榜样具有替代强化作用，榜样示范在儿童社会规范的形成与发展中具有极其重要的作用。身教重于言教，无论是教师还是家长，在对儿童进行品德教育时举止应符合社会，多给予儿童正面的、积极的榜样教育，不要提供不良的行为示范。所以，在幼儿园，教师的言行与举止，尤其是教师与教师之间的关系与互动一定要多加注意，关注这种隐性因素对幼儿的社会规范的影响，并且要积极建立良好的师幼关系、师师关系为幼儿社会规范习得提供支持。

（三）日常生活中捕捉社会规范影响的契机

幼儿的生活中充满着各种教育契机，社会规范渗透在幼儿园的日常生活中，教师要善于利用入园、用餐、如厕、离园、等待等环节及时针对幼儿出现的情况进行影响。比如：入园和离园时对保安叔叔的礼貌用语、进餐时对规范

要求的遵守、集体活动中的规则要求，等等。此外，教师还要善于捕捉生活中的突发事件，比如：幼儿之间的争吵与解决，由于哄抢玩具导致玩具掉地上，进餐中突然少了一套餐具时候的争抢抑或谦让，这些点滴的生活细节恰恰是孩子最自然、最生态的社会规范习得契机，教师要善于发现、善于等待、善于调节。

（四）幼儿参与社会规范的制定与表达

优秀的教师不是管家，是一个平等的首席者，这意味着在社会规范层面教师要积极调动幼儿的参与意识，凸显幼儿的主体角色。比如：可以结合问题引导幼儿参与规范的制定，规范制定与监督绝不是教师独揽霸权，而是教师与幼儿在你来我往之间形成的规约。教师要善于引导幼儿对规范进行交流和探讨，从幼儿自身的视角来理解和诠释规范，同时为幼儿提供各种支持性条件来建立规范，鼓励幼儿在生活中解决问题生成规范，并能用自己的方式表达规范。

四、促进学前儿童适应周围环境突变能力的途径与方法

（一）成人应引导幼儿多接触新环境

社会的发展与变迁导致人们生活的方式也发生变化，由于家长工作忙碌，生活节奏加快，幼儿接触家庭与幼儿园之外环境的机会愈来愈少，随之导致幼儿对外在环境的变化与适应愈加不敏感。幼儿期恰是幼儿各种能力发展的敏感期，幼儿是环境构建者、生活探索家，丰富多样的环境对幼儿的发展至关重要。成人应该创造充分的条件让幼儿接触外在环境、观察外在环境、感受外在环境。

（二）生活中让幼儿感受环境的变化

幼儿天生就是探索家，对外界事物持有极大的兴趣与关注。在家里，家长可以一定时间内为幼儿布置与改变环境。比如：为幼儿桌面摆上颜色多样的鲜花，为幼儿的小书架多添加几本图画书，改变幼儿的床单颜色与图案，更换幼儿房间的挂饰，等等。这些外在环境的改变能够培养幼儿的观察力，尤其是区别事物差异的能力，这恰恰是幼儿感受环境变化的基础能力。在幼儿

园，教师也可以为幼儿创设变化多样的环境，培养幼儿观察能力以及环境变化的适应能力。比如，在幼儿园的主题活动《海洋》中，教师为幼儿放学后在班级墙面布置环境中的小鱼画上了两滴眼泪，孩子第二天就会你一言我一语地讨论起来，吸引孩子的关注。这些细节以及做法能为幼儿适应外界环境的突然变化提供很大的前期支持。

第三节 促进学前儿童社会适应能力发展的活动设计与指导

一、促进学前儿童社会适应能力发展的活动设计

设计是指在正式做某项工作或活动之前，根据一定的目的要求，预先确定规划、方法等，它是一个系统思考与规划的过程。优化幼儿社会适应能力的活动设计是顺利开展幼儿适应能力教育活动的前提基础。幼儿园教育活动设计是教师对教育活动的一种预先筹划，它是对教育活动的系列要素进行精心设计与安排的过程，是分析幼儿的学习需求以形成满足幼儿学习需求的互动系统的全过程，包括活动目标的设定、幼儿学习的需求分析、活动情境的分析、活动资源的开发与利用、活动的组织与实施，等等。[①]由此，促进幼儿社会适应能力发展的活动设计是根据幼儿的学习特点，结合社会适应能力的关键内容并以此为中心议题展开的系列设计与安排。

（一）设计原则

促进幼儿社会适应能力发展的活动设计原则，是根据幼儿身心特点、学习方式，围绕幼儿的社会适应能力设计活动时所形成的要求、准则与标准。设计原则是对幼儿社会适应能力活动设计的一般性、普遍性的要求，对原则的准确把握有助于活动设计的有效开展。

① 黄瑾.幼儿园教育活动设计与指导[M].上海:华东师范大学出版社,2007:10.

1. 发展性原则

发展性原则是指在教育活动设计中必须准确把握幼儿已有的适应能力基础，并以此为依据着眼于幼儿社会适应能力的全面发展。发展性包括两层含义：一方面是指教育活动的设计应该以促进幼儿的社会适应能力发展为出发点，应该适应幼儿的发展水平，考虑到幼儿的现有经验。由此，在设计幼儿社会适应能力发展的活动中，活动目标与内容要以幼儿身心发展的成熟程度以及现有的适应能力水平为基础，既不能绝对超前，也不能任意滞后。这恰如著名教育家维果茨基所倡导的最近发展区理念，教师应该具备把握幼儿社会适应能力发展两种层次水平的能力，使其活动设计建立在最近发展区内，真正促进幼儿适应能力的发展。另一方面是指教育活动的设计应该以促进幼儿社会适应能力的发展为落脚点，应当始终贯彻以“发展”作为教育活动的中心理念。幼儿社会适应能力的活动设计要时刻关注幼儿的社会适应能力关键经验，其目的在于把握幼儿适应能力发展的内在序列，使幼儿的适应能力有序、科学地发展。任何活动设计都不能背离“发展”这个主旨，否则活动设计与实施只会成为幼儿“漫无目的”的过场，仅仅引起幼儿的兴奋与激动，而没有使幼儿获得有益的经验。

2. 主体性原则

主体性是指主体在与客体的相互作用中所得到的自觉能动性和创造性。幼儿主体性的提高在某种程度上影响着活动质量的提升。主体性一旦遭到忽略，就会造成幼儿在活动中的消极对待与被动接受。正如挪威生态哲学家阿伦奈斯指出：“人类的生活质量部分地依赖于从与其他生命形式密切合作中所获得的深层次的愉悦和满足，那种忽视我们相互依赖并建立主仆关系的企图促使人的自身走向异化。”① 由此，在幼儿社会适应能力发展的活动设计中，教师必须坚持遵循和体现以儿童作为活动的主体的原则，在活动内容的选择以及活动形式的安排方面注重激发幼儿的能动性、自主性、创造性，通过为幼儿创设有效的支持性策略引发幼儿与环境主动作用获得社会适应能力发展。此外，在与儿童的互动交流过程中，教师应该转变以往高高在上的权威者和控制者的角色，而是作为幼儿学习活动的支持者、参与者与合作

① 朱家雄.中国视野下的学前教育[M].上海:华东师范大学出版社,2007:262.

者，充分激发幼儿的自主学习意识，促进幼儿社会适应能力发展。

3. 日常性原则

日常性原则是指促进幼儿社会适应能力发展的活动应该贯穿在幼儿的每日活动中，教师要善于捕捉日常生活中所蕴藏的幼儿社会适应能力发展的机会，并合理利用，落实到位。比如：教师可以根据早、中、晚气温的变化让幼儿在生活中感受气温的变化，教师也可以根据一日生活中不同活动形式的安排让幼儿感受活动时间长短的变化。在晨间洗手时，可以开展讲卫生、排队意识、节约用水等社会规范的培养与影响。

4. 循序渐进原则

循序渐进原则是指促进幼儿社会适应能力发展活动的目标、内容、方法的安排顺序要由易到难、由简单到复杂，逐步深化。贯彻循序渐进原则教师要明确幼儿社会适应能力发展的关键经验，根据幼儿的关键经验确定内容与方法的序列，由易到难，逐步提高幼儿的适应能力。活动内容安排要关注内容之间的相互关联性与连贯性。

5. 开放性原则

开放性原则是指在设计促进幼儿社会适应能力发展的活动过程中，既要对活动目标、内容、幼儿的学习需要进行积极的预设，同时还会充分调动幼儿的探索兴趣的原则，能够根据活动实施的情境灵活调整，充分关注幼儿偶发的、自然生成的活动。促进幼儿社会适应能力的活动应该是一个开放的活动过程，而不是一个封闭、预设、一成不变的活动。

（二）设计路径

活动设计的具体思路分为两个层面展开：一方面是促进幼儿社会适应能力发展的具体活动方案的设计；另一方面是促进幼儿社会适应能力发展的主题活动方案的设计。

1. 具体活动方案设计

具体的活动方案包括活动名称、活动目标、活动准备、活动内容、活动结构、活动延伸等要素，诸多要素之间的有机衔接是活动实施的重要保障。

（1）活动名称。

活动名称是活动主题的高度概括，指明了本次活动的中心议题。确定活动名称时要注意两个问题：一是活动名称要体现出领域性特征，即要充分表现出幼儿适应能力方面的内容；二是活动名称要形象、有趣，符合幼儿的心理特征，不能对其进行抽象的表述。

（2）活动目标。

活动目标是活动设计的初始环节，也是最为关键的环节，它是教师根据幼儿适应能力发展的总体目标、年龄阶段目标、幼儿身心发展特点、班级的实际情况对幼儿提出的全面、恰当的要求。应遵循以下原则：目标要符合幼儿已有的适应能力经验与年龄特点；目标要定位在幼儿的适应能力发展的最近发展区内；活动目标要与终期目标、学期目标、月目标相一致；目标应该包括知识、能力、态度三维结构；目标的表述应该具体、明确，具有可操作性；目标应该具有一定的弹性，注重活动目标的生成性。

（3）活动准备。

活动准备是完成幼儿适应能力发展的活动设计的重要条件。活动目标确定后，教师需要根据活动目标的要求以及幼儿的适应能力发展特点创设相应的学习环境，提供支撑操作材料为幼儿的适应能力发展提供保障。通常活动准备包括物质材料的准备和幼儿经验的准备。

（4）活动内容。

活动内容指支撑具体活动的载体，一般是在已确定的学习内容后，针对内容本身，确定应该可以让幼儿了解的内容范畴。在这个阶段要明确：内容的选择要围绕活动目标，尤其是关注活动中的适应能力关键经验；关注经验的连续性，根据幼儿已有的经验，选择有针对性能产生新经验的内容；内容要尽量贴近幼儿的生活或者幼儿感兴趣的范畴。

（5）活动结构。

导入部分，通常也被称为动机引起阶段。幼儿只有具备活动的动机和心理准备，才会更加积极主动地学习、探索和体验。通常这个环节可以采用不同的方法：利用物质材料吸引幼儿注意；利用儿歌、故事、歌曲等文学艺术作品抓住幼儿兴趣点；利用情境扮演、角色表演等形式引导幼儿开展活动；教师也可以利用有效的提问来吸引幼儿的注意等。诸多方法可根据具体活动情境需求而定,并没有统一的模式要求。主体部分,在此部分主要为幼儿提供操作、探索、交流、表达的机会,支持幼儿的适应经验的获得和适应能力的发展。结束部分,教师在融洽的氛围下,引导幼儿回顾在活动时的具体操作,帮助幼儿梳理经验。

(6)活动延伸。

幼儿适应能力活动的延伸是指在教育活动后,教师根据幼儿在活动中经验获得情况,设计一些与此相关的辅助性活动,使幼儿在活动中的经验可以延续发展。活动延伸的方式有多种可选择,包括家园共育、区域活动、环境渗透、领域整合,等等。

2. 主题活动方案设计

主题活动,指的是在一段时间内围绕一个中心内容即主题来组织的教育教学活动。它打破了学科之间的界限,将各种学习内容围绕一个中心或主题有机地结合起来,让学习者通过该单元活动的学习,能够获得与主题有关的、较为完整的、具有联系的经验。幼儿社会适应能力的经验获得不是分割的、分散的,而是整合的、协同的,主题活动的方式关系到幼儿社会适应能力整体经验,将不同内容融合到同一个主题范围之下,更加适合幼儿社会适应能力的获得。

(1)活动特点。

幼儿自主探索性。以幼儿社会适应能力发展为主要内容的主题活动强调儿童的发展以及经验的获得,是幼儿自主探索、体验、交流、发现等多种学习方式的整合活动。由此,社会适应能力发展的主题选择与进展要以幼儿的需求和兴趣为出发点,主题活动的开展要时刻关注幼儿的需求变化与偶发经验,并能及时做出调整。

内容系统性。虽然幼儿社会适应能力的主题活动强调以幼儿经验需求为主,但作为教师要准确把握主题中所蕴含的适应能力的关键经验脉络。教育活动在满足幼儿需求的基础上,关注幼儿关键经验,并为幼儿提供最有利的环境支持。不同主题之间,要关注纵向之间的关系,后一个主题活动要与前一个主题活动要具有关联性,为幼儿的社会适应能力的整体经验获得提供支持。

开展形式多样性。主题活动的开展形式是多种多样的，不能将主题活动的组织形式局限于课堂教学，一日生活、游戏、区域活动、环境融合等形式更应值得关注。

(2)活动设计步骤。

首先，确定主题。选择主题是主题活动设计的逻辑起点。主题彰显着整个活动的关注核心，主题的选择应该以幼儿社会适应能力为主，围绕一个核心，将领域中与核心相关的内容整合起来。在选择主题时，要注意以下几个原则：第一，经验性。主题的选择是建立在幼儿已有的社会适应能力经验基础之上，同时要与幼儿的生活经验相联系。第二，趣味性。兴趣是诱发幼儿参与活动的最大诱因，主题的选择应是幼儿喜欢的，能调动幼儿积极参与。第三，可行性。主题活动的材料容易获得，环境能够支持，能够将具体的目标转化为活动。第四，衔接性。主题活动不是孤立的，而是前后主题之间的有效衔接，幼儿内在经验的有效整合。

其次，确定主题活动的总目标。根据确定的主题以及幼儿社会适应能力的发展特点，该阶段要求对整个主题活动所要完成的主要任务进行描述，这是对主题价值的开发与聚化。幼儿社会适应能力的主题活动要以幼儿适应能力的发展目标为切入点，可以有机融合其他领域的目标，一般包括认知、情感、态度三个维度。

接下来，分析单元活动计划。单元活动要考虑组成主题的单元活动具体包括哪些，内容是什么，涉及以适应能力为核心的哪些领域。哪些活动完成主题中的一个总目标，哪些活动完成主题中的几个分目标，这些都有必要分析清楚。

再次，逐一设计具体活动。具体活动构成主题活动的具体枝节。每个活动的具体要素仍然包括活动名称、目标、准备、内容、流程、延伸与评价。

最后，主题活动的评价与反思。主题活动的设计与实施是系统性工程，为了确保活动的质量，有效的评价与反馈是必不可少的环节。因为，针对幼儿社会适应能力发展的主题活动特性，结合主题活动实施的过程，有必要对主题的选择、主题目标、主题内容、主题可行性等制作评级体系考核表，并及时进行反馈，将其作为教师再次活动设计的主要参考依据。

二、促进学前儿童社会适应能力发展的活动指导策略

策略是指为了实现一定的目标所选择的一系列方法、行动与谋略。幼儿社会适应能力发展的活动指导策略就是以幼儿教育活动为载体，围绕幼儿社会适应能力发展这一核心目标所采取的一系列方法、行动、谋略。活动策略是幼儿社会适应能力发展的活动理念转化为操作方法的重要指引，也是促进幼儿社会适应能力发展的重要途径。

（一）明确任务，制订计划

教师作为幼儿学习重要的支持者、促进者，在活动前与活动进程中要明确任务。任务计划的制订除了对幼儿社会适应能力的准确把握，还需明确活动本身的内在逻辑。任务意识是教师把握整体活动逻辑线索的重要保证，也是教师专业能力的体现。幼儿社会适应能力发展的活动指导需要有效的指导规划，教师要明确指导的内容和指导方式，需要对幼儿社会适应能力发展的活动形式进行分析，需要明确自身的角色定位，把握最佳的介入和指导时机。

（二）动机激发、兴趣引入，唤醒幼儿的社会适应能力

良好的活动导入能使活动产生事半功倍的效果。从活动最初开始，教师要激发幼儿的兴趣，使幼儿在好奇心的内在驱动下积极地投入到社会适应能力发展的活动中。教师要以积极饱满的情感，生动而简短、指向明确的谈话，或者富有启发性的提问、谜语、儿歌、角色扮演等引起幼儿参与活动的兴趣，激发幼儿的内在动机。诸多方式是为了唤起幼儿的社会适应能力关键经验，值得注意的是动机激发与兴趣引入要建立在幼儿已有的社会适应能力基础上，即利用先行组织者原理形成幼儿社会适应能力发展的内在衔接性。

（三）把握幼儿社会适应能力发展的关键经验

关键经验是课程设计者希望幼儿在活动中获得的、对达成教育目标至关重要的学习经验，是通向目标的桥梁。幼儿园关键经验的获得是活动效果的重要检测指标，虽然我们强调儿童主体，但我们不是完全地放任自流。教师要在系统学习、对幼儿的观察分析的基础上，参考美国高瞻提出的关键经验，

结合《纲要》《指南》以及幼儿园的具体情况，梳理幼儿需要掌握的，同时又有利于教师设计、操作、观察和评价的社会适应能力发展的关键经验，并依据幼儿所获得的关键经验创设适宜幼儿的活动，促进幼儿社会适应能力更好地发展，并开发和投放适合各年龄段和幼儿个体差异的多层次的活动材料。

拓展阅读

关键经验

关键经验是美国高瞻(HIGH/SCOPE)学前教育课程内容的重要部分，它是对学前儿童一系列社会的、认知的和身体发展情况的描述。关键经验也是学前儿童在他们真实生活中该出现的东西，换句话说，关键经验就是学前儿童正在做的事情。因此，熟悉了关键经验，我们就能将关键经验作为观察、描述儿童行为的工具，更好地理解某阶段儿童正在做的事，理解他们的想法，理解他们的兴趣和需要，并以关键经验来指导对儿童的教育，更好地支持儿童的发展。①

(四)根据幼儿年龄阶段进行指导

学前期是幼儿社会适应能力发展的关键时期，幼儿社会适应能力在学前期各个年龄阶段都有其自身特点，因此教师的指导与接入必须要有针对性。即便是同一内容的关键经验，也应该遵循从简单到复杂，从易到难。比如：幼儿社会规范适应能力，3～4岁的幼儿能够在提醒下，遵守游戏和公共场所的规则；知道不经允许不拿别人的东西，借别人的东西要归还；在成人的提醒下，爱护玩具和其他物品；4～5岁的幼儿能够感受规则的意义，能基本遵守规则；不私自拿不属于自己的东西；知道接受了任务要努力完成；在提醒下，能节约粮食和水电；5～6岁的幼儿能理解规则的意义，能与同伴协商制定游戏和活动规则；爱惜物品，用别人的东西知道爱护；做错了事情敢于承认，不说

① 时萍.HIGH/SCOPE的关键经验对学前教育的启示[J].早期教育,2005.

谎;能认真负责地完成自己所接受的任务;爱护身边的环境,注意节约资源。

(五)引导幼儿主动操作与体验

幼儿社会适应能力的获得与其学习方式密不可分,有效的、合理的、基于幼儿身心特点的学习方式对幼儿适应能力的获取起着事半功倍的效果,相反,机械的、无效的学习则极其不利于幼儿适应能力的获得。对幼儿社会适应能力发展来说,体验学习是幼儿获得适应能力不可或缺的一种学习方式。体验学习是学习者亲身介入实践活动,通过认知、体验和感悟,在实践过程中主动获得新的知识、技能和态度的方法。幼儿的经验是具体的、形象的,其学习应该发生在经验的具体情境中,通过"操作""体验"建构新经验。《纲要》和《指南》中都强调幼儿是通过直接感知、实际操作和亲身体验获取经验、建构知识和发展能力。由此,促进幼儿社会适应能力发展的活动要充分给予幼儿参与体验活动的机会,引导幼儿多感官进行体验和操作,丰富幼儿的表象和体验经验。

(六)根据幼儿的表现进行活动有效评价

幼儿社会适应能力发展的活动评价是活动优化与提升的重要环节。有效的活动评价不能仅仅关注教师在活动中的表现,如教师的教态、教师的语言表达与节奏控制、教师达成活动目标的情况、教师组织活动的能力、教师与幼儿的互动能力、教师处理活动生成的能力等,还应关注幼儿在社会适应活动中的表现。幼儿是活动中的主体,也是社会适应能力活动设计与实施的最终落足点。幼儿在社会适应能力活动中的表现以及关键经验获得与发展的情况是衡量活动效果的重要依据。我们希望看到充满生命力的教育活动,看到教师和孩子一起在思考、对话,不断提升和构建,儿童在活动中产生的争论、疑问和思考以及儿童在与教师、同伴、环境的交往互动中碰撞迸发出来的灵感和新奇都应成为评价的重要参照。①

① 赵景辉.公开观摩活动小议[J].当代学前教育,2009(5):29.

三、活动案例分析

活动案例：认识好朋友[①]

◇设计意图

幼儿园刚开学，大家都还不认识彼此，老师对弟弟妹妹的了解也不多，所以通过游戏的方式自我介绍，增进老师和小朋友或者小伙伴之间的情感，在这样的方式下进行自我介绍既可以缓解弟弟妹妹的入学焦虑，也可以驱散哥哥姐姐假后懒散的状态，让大家在快乐、轻松的氛围中了解彼此，更好地适应幼儿园生活。

◇活动目标

1. 缓解弟弟妹妹的入学焦虑。
2. 通过游戏唤起哥哥姐姐的责任感。
3. 大家能够相互认识好朋友和名字。

大组：

1. 在游戏中逐渐加深自己成为哥哥姐姐的身份转换意识。
2. 能主动去认识弟弟妹妹。
3. 能够认识弟弟妹妹的名字。

中组：

1. 在游戏中逐渐唤起自己从小组成为中组的身份转换意识。
2. 有意愿主动认识弟弟妹妹。
3. 认识部分弟弟妹妹的名字。

小组：

1. 在游戏中分散注意力，减轻分离焦虑，让小组的小弟弟妹妹能慢慢喜欢上幼儿园。
2. 能向哥哥姐姐说出自己的名字。
3. 鼓励小组的弟弟妹妹也能主动去认识哥哥姐姐。

---

① 案例来源于广州市天河区童睿幼儿园周飞艳老师.

◇活动准备

视频《幼儿园礼仪律动操——自我介绍》、音乐《找朋友》、电脑。

◇活动过程

一、导入环节：视频《幼儿园礼仪律动操——自我介绍》。

1. 播放视频《幼儿园礼仪律动操——自我介绍》。

2. 师：小朋友，你们知道视频里说的是什么吗？我们做自我介绍的时候可以做什么动作呢？如果是你，你会怎样向别人做自我介绍呢？

3. 哥哥姐姐先做自我介绍，把做得特别好的提出来表扬。

4. 哥哥姐姐介绍完鼓励弟弟妹妹们也来做简单的自我介绍。

二、游戏"找朋友"

老师说规则，然后请大孩子示范。

师：先请大组、中组的哥哥姐姐上来玩，老师音乐停了，你就找到好朋友相互介绍。

师：现在我们请弟弟妹妹也一起来玩。（引导大孩子要多去找弟弟妹妹询问名字并做自我介绍，特别表扬有找弟弟妹妹的哥哥姐姐）

三、游戏："欢迎你"

1. 老师把小组请出来站一排，然后重新介绍一次弟弟妹妹的名字。

2. 开始游戏：老师站到哪个弟弟妹妹面前，下面的哥哥姐姐就拍手说："××，欢迎你。"引导弟弟妹妹说"谢谢你"。

（以此类推。如果不认识，就鼓励小组弟弟妹妹自己再介绍一次）

四、结束

播放《找朋友》，哥哥姐姐找弟弟妹妹询问名字并自我介绍，双方都知道名字的就可以找老师领取奖励。

◇活动反思

今天这个活动是开学第一天的第一个活动，但是弟弟妹妹的表现超乎想象，大部分都没有哭闹，只有一个小朋友还是比较有情绪，所以在这个活动中，弟弟妹妹基本都能主动参与进来，并且很主动大胆，当老师要求做自我介绍的时候，小组的弟弟妹妹都很主动举手表示想要上来向哥哥姐姐做介绍。所以整个活动氛围以及活动效果都是比较好的，能够有效帮助幼儿们适应幼儿园环境与同伴。

【小结】

本章主要介绍了三个部分的内容：第一部分是学前儿童社会适应能力的内涵及其内容，学前儿童社会适应能力包括对群体的适应能力、对人际交往的适应能力、对社会规范的适应能力、对周围环境突变的适应能力；第二部分分别就四个具体内容来论述促进学前儿童社会适应能力发展的途径与方法；第三部分是学前儿童社会适应能力发展的活动设计与指导，主要从学前儿童交往活动的设计原则和思路，以及案例分析介绍等方面进行阐述。

思考与练习

1. 促进学前儿童适应群体的途径与策略有哪些？
2. 促进学前儿童适应交往的途径与策略有哪些？
3. 学前儿童社会适应能力活动的指导策略是什么？

第一节
学前儿童社会规范教育及影响因素

一、社会规范与学前儿童社会规范教育

什么是社会规范？对此，不同学科有着不同的看法。哲学家认为，它是“自然观、世界观和价值观”；社会学家认为，它是“行为与活动的标准”；行为学家认为，它是社会成员共有的行为规范和标准，这种规范和标准既可以内化成个人意识，也可以由外界的力量促使人们去遵守；心理学家认为，它是一种社会行为规范，也是一种文化价值标准。而我国学者裘指挥等人则认为“社会规范在本质上是一种关系范畴，是调节行为主体间关系、约束行为主体参与社会生活的行为准则。社会规范是一个有机系统。它由各类具有相对独立性的规范构成”。[①] 综上所述，我们认为，社会规范是在社会生活中人们所遵守的行为规范和行为准则，它可能是群体明文规定的，也可能是长久积淀人们默默遵守的。

学前儿童社会规范教育，主要是指在日常生活和活动中，引导儿童了解并学会遵守一些适宜的基本社会行为规范，使其更加顺利地融入社会和集体生活中去。

裘指挥等人将社会规范教育的内容分成：道德规范教育、合群性规范教育（核心是交往规范）、集体规范教育和安全健康规范教育。而张明红曾认为

① 裘指挥．幼儿社会教育与活动指导[M]．北京：高等教育出版社，2014:200.

学前儿童对社会规范的认知主要包括基本道德规范、文明礼貌行为规范、公共场所行为规范、群体活动规范、人际交往规范等。结合学前儿童日常学习和生活，我们认为学前儿童社会规范教育主要包括基本道德规范教育、公共场所行为规范教育、群体活动规范教育、人际交往规范教育以及安全健康规范教育。

基本道德规范主要是涉及善恶、是非对错等道德问题的原则和规范，它更多是依靠人的内心信念、社会舆论以及传统习惯来维系。

公共场所行为规范则包括了所有参与社会生活的人都应该共同遵守的社会规则，如果违反了这些规则，有可能给公共生活带来不便甚至造成混乱。如公共卫生规则、公共交通规则、公共财产保护规则等。

群体活动规范是个体所处的某一个特定的群体活动的规则，不同的群体可能有不同的规则。例如，在娃娃家活动的规则跟在阅读区活动的规则就是不一样的。

人际交往规范是在与他人交往互动的过程中，起结构性作用的行为规范，主要指待人接物的一些礼仪与规则，如待人有礼，学会轮流合作，能够分享表达，等等。

安全健康规范则是指那些关系到学前儿童身体健康和生命安全的规则，如果不遵守这些规则就有可能对其生命健康和安全产生威胁。例如，不跟陌生人走，不玩火，不靠近危险的地方，等等。由于学前儿童自我保护意识和能力都不强，遇到危险和意外时自己难以处理。因此，需要一些安全健康规范引导其安全健康地生活。

对于学前儿童来说，他们需要学习的更多是与其生活和学习相关的各种规范，如幼儿园的集体生活规范、游戏规范、学习和交往的规范、社会公共生活的基本规范等。

二、学前儿童社会规范的发展

学前儿童社会规范的认知和发展是其社会性发展和个体社会化的重要内容。个体要获得包括社会规则在内的认识，才能与社会融为一体，并能以社会允许的方式自如地行动，从一个生物的个体转变为合格的社会成员。个体的社会化要完成两大任务：(1)个体要掌握一定的社会规范；(2)个体必须具备按规范行动的品质。①

学前儿童的社会规范并非生来就有，而是随着个体的认知发展和社会互动经验的增加而发展的。

0～2岁的婴儿主要通过感觉和身体感受来认识周围的世界，在这一阶段，他们主要是与家庭成员间互动，更多是习得与人交往相关的规则。2～3岁婴幼儿随着活动范围的扩大，会增加与公共环境的接触，会从中模仿和学习一些基本的社会规范，也有初步的道德规范萌芽。3～4岁儿童对社会规则已经有了初步的认知，能做简单的道德判断，判断往往根据事物后果的大小，而忽略事物背后的动机。4～5岁儿童知道更多的社会规则和行为规范，并且能够体会他人的情绪反应。5～6岁儿童能够从事物背后的动机来进行判断，但是仍然相信权威。

三、学前儿童社会规范教育的影响因素

(一)儿童自身的认知发展水平

儿童对规范的遵守和执行是建立在其对规范的认知基础上的。对社会规范的认知与儿童自身的认知发展息息相关。婴幼儿出生时对规范的感知几乎是零，随着大脑的发育，感知觉、语言、思维等方面的发展，他们对周围环境及规则的认知和理解也逐步提高。只有当儿童能够认知并理解规则，他才能更好地去遵守，并最后内化为自身的要求。处于感知运动阶段的0～2岁幼儿通过动作来认识世界，在这个阶段，他们很难区分自己与他人。而处于前运算阶段(也称前运思阶段)的2～7岁的幼儿，他们以自我为中心，很难站在他人的立场上考虑问题，对规则和权威绝对服从。儿童年龄越小，其社会认知水平就越受到认知发展水平的影响。

(二)社会交往活动

适宜的社会交往活动有助于学前儿童对社会规范的理解和遵守。儿童是在活动和实践中积累经验进行学习的。他们在与人交往的过程中，理解和

① 林崇德，杨治良，黄希庭. 心理学大辞典(下卷)[M]. 上海:上海教育出版社，2003:349.

掌握基本的道德规范以及人际交往的规则，在社会公共生活的参与中认识公共生活的规则以及集体活动行为规范，并且会为了更好地融入而遵守这些规则。如果一个孩子，很少接触社会以及其他人，只被圈养在自己家中，那么当他参与社会生活的时候，他会表现出更多的无所适从以及对规则的不理解和无法遵从。

（三）家庭

家庭对社会规范教育的影响主要体现在养育模式上，成人对待规范的态度和行为对儿童的影响。父母的养育模式反映了亲子关系的实质。有心理学研究表明，儿童与抚养者关系亲密，抚养者能及时回应儿童，那么儿童对成人发出的社交信号会更敏感。亲子关系比较亲密和谐的家庭，儿童更愿意接受成人的建议，也更愿意去模仿崇拜者的行为。而父母通过养育方式和教养态度，向孩子传递一定的价值观、社会规则以及道德规范等。父母的养育方式会与孩子产生不同的互动风格，进而会对其在幼儿园和社区中的行为产生影响。[①]家庭中成人对待社会规范的态度，特别是在执行社会规范的过程中，对儿童的影响是潜移默化的。在公共场合不遵守集体规则的家长，很难养育出一个遵守公共规则的孩子。

（四）学前教育机构

幼儿园是3～6岁儿童学习与生活的主要场所。他们在幼儿园所接受的教育，对其社会规范意识的形成，社会规范的遵守行为有着重要的影响。幼儿园重视社会规范教育，在学习、生活、游戏活动中培养儿童的规则意识和良好的行为习惯，有利于学前儿童对规则的理解和遵守。

（五）社区和社会文化环境

环境对学前儿童社会规范发展的影响很多时候是隐性的。社区中人们交往活动的方式，交往所表现出来的规则，物质环境中的指引；社会文化中对规则的重视与否，对违反规则行为的态度，人们对规则的执行度等，无一不影响着学前儿童对社会规范的认知、遵守，同时也影响着他们良好的社会行为的养成。

---

① 刘晶波，等.幼儿园社会领域教育精要——关键经验与活动指导[M].北京：教育科学出版社，2015:23.

【知识链接】

皮亚杰的道德发展理论

瑞士心理学家皮亚杰关于儿童道德判断的早期研究集中在道德推理两个方面:尊重规则和公平的概念。他通过与瑞士5～13岁的儿童玩弹球来研究儿童遵守规则的问题。在与儿童游戏的过程中,皮亚杰经常询问这样的问题:"这些规则是从哪里来的?是否每个人都要遵守规则?这些规则可以改变吗?"为了研究儿童对公平概念的理解,皮亚杰让他们思考了一些道德角色故事。下面举例说明:

故事A:一个叫约翰的小男孩在房间里听到妈妈喊他吃饭,于是他走进饭厅。在饭厅门后的椅子上放着一个托盘,托盘里放着15个杯子,但约翰不知道门后面有这些东西。在他进来的时候,门把托盘碰倒在地,里面的15个杯子全摔碎了。

故事B:有一天,一个叫亨利的小男孩趁妈妈不在家,想偷偷地从食橱中取一些果酱吃。于是他爬到椅子上去取。但是果酱实在太高了,他够不着……在他尽力去够的时候,不小心碰翻了一个杯子,杯子掉在地上摔碎了。

在被试听完故事后,皮亚杰会询问他们这样的问题:哪个孩子更淘气?为什么?你认为,那个更淘气的男孩应该受到什么惩罚?运用这种研究技术,皮亚杰建构了道德发展的阶段理论,该理论认为,存在前道德时期和他律道德阶段。

1. 前道德时期

根据皮亚杰的观点,学前儿童很少表现出对规则意识的关注或知觉。在玩弹球的游戏中,这些前道德时期的儿童并不总是带着取胜的意图去玩。相反,他们似乎在构建自己的规则,认为游戏的目的就是轮流去玩并从中体会到乐趣。

2. 他律道德阶段

5~10岁,儿童即进入了皮亚杰所说的他律道德阶段(所谓的他律是指"在他人的控制之下"),这时,儿童有了很强的规则意识。他们开始认为规则是由权威人物(如上帝、警察或父母)制定的,他们把这些规则看得神圣不可侵犯。当你在一个6岁儿童面前超速驾车时，你就会明白皮亚杰所说的他律的含义。即使你是因为一个紧急的医疗事件而往医院疾驶，年幼的儿童也可能会指责你违反了“交通规则”，并认为你的行为应该受到惩罚。他律的儿童把规则看作绝对化道德。他们认为，任何道德问题都有是非对错之分，而正确就意味着要遵守规则。

他律的儿童倾向于根据客观结果而不是行为意图判断行为的恰当性。例如，很多5~9岁的儿童认为，约翰（也就是不小心打破了15个杯子的儿童）比亨利（在偷吃果酱时打破了一个杯子的儿童）的行为更加不恰当。

他律的儿童也偏爱赎罪性惩罚，而并不考虑不良行为与惩罚本身的关系。所以一个6岁的儿童更可能去踢打一个打破窗子的男孩而不是让男孩赔偿损失。而且，他律的儿童相信内在公平，认为只要违背社会规则就不可避免地会受到这样或者那样的惩罚。对处于他律道德阶段的儿童来说，生活是公平公正的。①

① David R.Shaffer & Katherine Kipp.发展心理学[M].邹泓，等译.北京:中国轻工业出版社，2016.

第二节
促进学前儿童社会规范教育的途径与方法

社会规范教育涉及了学前儿童学习生活的方方面面。在家庭、幼儿园和社区生活中可通过不同的途径促进学前儿童社会规范的学习。

一、学前儿童社会规范教育的途径

（一）专门组织社会规范教育活动

专门的教育教学活动是指那些幼儿园教师根据社会规范教育的目标和本班幼儿身心发展的规律和特点，选择合适的内容，经过精心设计，具有明确的活动实施步骤，并有相应评价标准的集体化教育活动。它具有比较明确的目标和计划性，内容也比较系统和集中，教师对幼儿园的组织和指导作用更加直接、更加明确，也更有针对性。①

（二）随机渗透社会规范教育活动

社会规范教育具有潜移默化的特点，社会规范教育总是渗透在健康、语言、科学、艺术等领域中。在这些渗透中，可以分为显性渗透和隐性渗透。李娟在其《幼儿园社会领域教学实践考察》中提到，显性渗透主要表现为在非社会领域的活动中有明确的社会领域目标，但它不是核心目标。而隐性渗透则指那些在目标中没有明确的社会领域目标，但在内容中体现了社会教育的内容。

① 刘晶波，等．幼儿园社会领域教育精要——关键经验与活动指导[M].北京:教育科学出版社，2015:38.

（三）区域活动中的社会规范教育

区域活动是学前儿童在幼儿园活动中重要的活动形式。区域活动本身就有其活动规则，儿童在适应和融入区域活动中时，就是对集体规范的一种学习和遵守。而在区域活动中，学前儿童与同伴间的互动也能进行社会规范的学习，这些规范有可能是他们自主约定的，也可能是以后规范的习得。[①]

（四）环境中的社会规范教育

通过环境进行社会规范教育是一个有效的途径。环境中的社会规范教育包括：创设有效的物质环境和心理环境。物质环境创设方面，可以在幼儿园的大环境以及班级主题环境中渗透社会规范教育。如，在楼梯上画上小脚丫，提醒幼儿靠右走；在墙面上画上一些文明礼貌的图画，引导幼儿注意个人行为；在盥洗室贴上洗手流程图，提示幼儿正确洗手；等等。而心理环境创设方面，主要是师幼关系和同伴关系的建立。良好的师幼和同伴关系，有利于教师对幼儿，以及同伴对幼儿的榜样示范作用的发挥。

（五）一日生活中的社会规范教育

社会规范教育的内容与幼儿一日生活息息相关，一日生活是实施学前儿童社会规范教育的重要阵地。教师要充分利用一日生活的各个环节，及时针对幼儿出现的情况进行随机教育，将社会规范教育渗透到一日生活中。同时，需要跟家长进行沟通，获得家长的支持与配合，让学前儿童在幼儿园外的日常生活的社会规范教育也得到重视。

二、学前儿童社会规范教育的方法

（一）引导学前儿童参与规范的制定

在社会规范教育的内容中，有些是社会及大众已经默认的规范，有些是幼儿在参与集体生活时所需要遵守的规范。不同的集体活动会有不同的规范，有些规范是幼儿可以参与制定的。让幼儿参与规范制定的一个前提是“幼儿的需要原则”，即当前幼儿面临需要解决的问题时，才是引导幼儿参与

① 刘晶波.不知不觉的偏离：关于当前幼儿园社会教育活动困境的解释[J].幼儿教育，2013(28).

规范制定的好时机。[1]刘晶波等的研究发现，教师较多是对幼儿详述常规条文，或者随意要求幼儿为他们的班级制定常规。幼儿所遵守的常规经常是他们所不理解或者只是教师要求的，而非他们需要的和主动参与的。在常规制定的过程中，教师可针对具体的活动场景，用具体的问题引导幼儿制定具体可实施的规则。例如："大家想想看，全班小朋友是否可以同时进入积木区玩积木呢？""有什么方法，能让每个小朋友都玩到积木游戏呢？"[2]

（二）引导学前儿童对规则进行交流与讨论

要儿童参与规范的制定，就需要儿童之间进行协商，要求他们学会交流讨论。刘晶波等人提出，要使幼儿进行交流性讨论，"倾听和表达"是主要技能，如果幼儿没有掌握这一技能，他们在讨论中会表现出"自我中心"的倾向，他可能会在别人发言时不顾别人的感受而大声喧哗、走动，甚至打架、吵闹。因此，教师需要对幼儿进行引导，使其学会倾听和表达。在此基础上，根据实际情况对规则进行讨论与交流，促进其制定与实施。

（三）社会规范具体化

学前儿童感觉运动思维及具体形象思维占优势，抽象逻辑思维正在萌芽。我们在进行社会规范教育的过程中，仅仅进行抽象的灌输和解说，是不利于儿童对规范的理解和遵守的。可以将规范条文具体化，在具体的事件中帮助幼儿进行理解。例如，对人有礼貌这一规范。可以将其具体化为，见人能够打招呼，受人帮助说谢谢，对人造成不便要说对不起，等等。并且利用各种活动，将这些具体化的规范渗透到幼儿的生活中。

（四）充分利用游戏及社会实践活动

以维果茨基为代表的社会认知心理学派认为，游戏是促进儿童社会性发展的重要手段。教师可利用角色游戏增进学前儿童对社会规范的认知。如通过到娃娃家做客、文明乘车、带娃娃到医院看病等，都可以丰富和强化儿童对文明礼貌行为规范和人际交往规范的认知。

目前，"体验"被学术界认为是社会规范与道德生成的一个重要方式和途

① 刘晶波，等．幼儿园社会领域教育精要——关键经验与活动指导[M]．北京：教育科学出版社，2015:218.

② 刘晶波，等．幼儿园社会领域教育精要——关键经验与活动指导[M]．北京：教育科学出版社，2015:220.

径。“体验”就是让儿童亲身去经历，让儿童在实践的过程中动手动脑，使儿童在对社会环境和社会活动的直接“体验”中建构社会规范和道德价值观。[①]

（五）重视成人的榜样示范

《指南》提到“成人要遵守社会行为规则，为幼儿树立良好的榜样”。模仿是学前儿童进行学习的重要方式。在其生活环境的周围，同龄的小伙伴以及有相互交往的成人是主要的模仿对象。成人要明白自身言行对儿童的重要影响。在日常生活中，成人要做好表率，自觉遵守各项社会规范，用自己的一言一行为学前儿童做好榜样示范。同时，要关注学前儿童的同伴交往，引导他们向遵守规范的同伴学习。当同伴出现违反规则的行为时，需要引导儿童进行分析，避免受到不良的影响。

（六）合理利用家园合作以及社区资源

家庭以及社区环境是影响学前儿童社会规范发展的重要因素。在学前儿童社会规范的过程中，教师应重视家庭教育对儿童发展的影响。做好家长工作，家园共育，将幼儿园的教育目标和活动延伸到家庭教育中。同时，利用社区中的公共资源，让幼儿在其熟悉的环境中，真实地学习社会规则，培养良好的社会行为。

① 张明红.学前儿童社会教育与活动指导[M].上海:华东师范大学出版社,2014:128.

第三节 学前儿童社会规范教育的活动设计与指导

专门的社会规范教育活动是幼儿园教师根据社会规范教育的目标和本班幼儿身心发展的规律和特点，专门设计和实施的集体化教育活动。它具有比较明确的目标和计划性，内容也比较系统和集中，教师对幼儿园的组织和指导作用更加直接、更加明确，也更有针对性。

一、学前儿童社会规范教育的目标

活动目标是教育活动的出发点和归宿，它决定了活动内容的选择以及活动开展的方向。具体、明确且适宜的活动目标，是活动设计和活动开展的重要保障。《指南》中，对社会规范教育的目标有着比较明确的叙述。

（一）小班（3~4岁）社会规范教育的目标

（1）知道幼儿园一日生活常规和活动规则，在教师引导下能遵守各项规则，爱护班级公物。

（2）爱护玩具、图书和用具，轻拿轻放，不乱扔，不损坏。

（3）爱护树木花草，不乱采折。

（4）能分清自己和别人的东西，未经允许不拿别人的东西。

（5）初步了解基本的交通安全规则和公共卫生规则，并能在成人引导下遵守这些规则。

(二)中班(4~5岁)社会规范教育的目标

(1)感受规则的意义,能够遵守幼儿园一日生活常规和活动规则,不扰乱他人。

(2)爱护幼儿园的玩具、用具、树木花草,用过的物品放回原处。

(3)爱惜粮食、衣物,不挑食,不挑穿戴。

(4)不拿别人的东西,拾到东西交给成人。

(5)做错了事能承认并愿意改正。

(6)认识常见的交通标志,能遵守基本的交通安全规则、公共卫生规则。

(三)大班(5~6岁)社会规范教育的目标

(1)遵守集体规则和公共秩序。

(2)理解规则的意义,能与同伴协商制定游戏和活动规则。

(3)爱惜自己和他人的物品,有初步的环保意识与节约资源的意识。

(4)能认真负责地完成自己所接受的任务,初步培养诚实、守信等良好的行为品质。

(5)能接受别人的批评,自己有了错知道改正。

(6)能分辨一般的是非,知道什么是好和不好,有集体荣誉感。

二、学前儿童社会规范教育的内容

(一)小班社会规范教育内容

(1)在共同的生活和活动中,以多种方式引导幼儿理解、体验和遵守集体的规则,爱护玩具、图书,不随便拿别人的东西。

(2)向幼儿介绍几种常见的交通工具,教给幼儿简单的交通安全常识和规则,引导幼儿在实际生活中遵守基本的交通安全规则。

(3)利用日常生活,引导幼儿了解一些基本的公共卫生规则。

(二)中班社会规范教育内容

(1)教师与家长配合,帮助幼儿了解各种基本的交通规则、公共卫生规则和环境保护常识,并引导幼儿在日常生活中遵守这些规则。

（2）通过活动引导幼儿爱护环境、节约资源。

（3）通过事例让幼儿明白不能私自拿别人的东西，说谎是不对的。

（4）利用社会资源，通过参观、访问周围社区等形式，引导幼儿初步了解周围主要社会机构、设施，知道它们的使用规范。

（三）大班社会规范教育内容

（1）利用各种机会鼓励幼儿在家中及幼儿园帮助父母和老师做一些力所能及的事情，爱护集体物品。

（2）给予幼儿机会参与同伴协商制定游戏和活动规则。

（3）请家长配合，引导幼儿在日常生活中爱护公物和环境，初步梳理环保意识和节约意识。

（4）通过专门组织的活动记录日常生活，教育幼儿遵守基本的文明行为规范和社会道德规范，懂得做人要诚实、守信。

【知识链接】

《指南》中有关幼儿社会规范的学习与发展内容：

表5-3-1 目标2 遵守基本的行为规范

3～4岁	4～5岁	5～6岁
（1）在提醒下，能遵守游戏和公共场所的规则 （2）知道不经允许不能拿别人的东西，借别人的东西要归还 （3）在成人提醒下，爱护玩具和其他物品	（1）感受规则的意义，并能基本遵守规则 （2）不私自拿不属于自己的东西 （3）知道说谎是不对的 （4）知道接受了的任务要努力完成 （5）在提醒下，能节约粮食、水电等	（1）理解规则的意义，能与同伴协商制定游戏和活动规则 （2）爱惜物品，用别人的东西时知道爱护 （3）做了错事敢于承认，不说谎 （4）能认真负责地完成自己所接受的任务 （5）爱护身边的环境，注意节约资源

【教育建议】

1. 严格遵守社会行为规则，为幼儿树立良好的榜样。如：尊老爱幼、爱护公共环境、节约水电等。

2. 帮助幼儿了解基本行为规则或其他游戏规则，让幼儿体验、理解规则的重要性，学习自觉遵守规则。如：经常和幼儿玩带有规则的游戏，遵守共同约定的游戏规则。

3. 利用实际生活情景和图书故事，向幼儿介绍一些必要的社会行为规则，以及为什么要遵守这些规则。在幼儿园的区域活动中，创设情境，让幼儿体验没有规则的不方便，鼓励他们讨论制定规则并自觉遵守。及时鼓励幼儿遵守社会规则的行为，纠正违规行为。如：幼儿主动为老人让座时要及时肯定；幼儿损害他人或公共物品时要及时制止并主动赔偿。

4. 教育幼儿要诚实守信。如对幼儿诚实守信的行为要及时肯定。允许幼儿犯错误，告诉他们做错事情及时改正就好。不要打骂幼儿，以免他们因害怕惩罚而说谎。发现幼儿说谎时，要反思是否是因自己对幼儿的要求过高过严造成的。如果是，要及时调整自己的行为，同时要严肃地告诉幼儿说谎是不对的，不能解决问题。经常给幼儿分配一些力所能及的任务，要求他们完成并及时给予他们表扬，培养他们的责任感。

三、学前儿童社会规范教育活动的方法

幼儿园教育活动的方法主要是指为了完成一定的活动任务，师生在共同活动中采用的手段，既包括教师教的方法，也包括幼儿学的方法。[①]根据不同的角度分类，幼儿园教育活动的方法会有所不同。总体来说主要有演示法、示范法、范例法、讲解法、观察法、游戏法、练习法、操作法、实践法、角色扮演法（情境模拟法）、表达法、谈话法、讨论法、强化法等。组织教育活动时选择和使用哪些方法，要根据目标和任务来决定，还要考虑活动的性质、活动内容的特点、幼儿年龄特点、幼儿园环境和设备条件等。在学前儿童社会规范教

① 张琳.幼儿园教育活动设计与实践[M].北京:高等教育出版社,2009:46.

育活动中，比较常用的方法主要有游戏法、角色扮演法、参观实践法、榜样示范法、讨论法、强化法。

（一）游戏法

游戏法是指通过在教师指导下进行有规则的游戏活动来进行教学的一种方法，是深受幼儿欢迎的一种教学方法。运用游戏法进行教学也是幼儿园教育最显著的特点之一。有规则的游戏，对学前儿童遵守游戏规则，按要求进行活动有着重要的帮助。游戏法能使儿童在有趣的游戏活动中，集中注意力，在积极主动中理解规则，培养规则意识。

（二）角色扮演法

角色扮演法是指模仿现实社会中的某种情境，让学前儿童扮演其中相应的社会角色，使儿童体验角色的情绪和情感，并表现出与该角色一样的社会行为的方法。

角色扮演不仅有助于学前儿童感知社会角色、社会规则以及角色之间的关系，而且能够使儿童进行生活经验的迁移，在情境模拟与他人交往的过程中，不断审视和调整自己的行为，从而有助于培养儿童良好的行为习惯。

（三）参观实践法

参观实践法是指教师有目的、有计划地组织学前儿童亲自到某一综合性的社会设施或机构进行参观或参与社会实践活动，在活动中感知、体验或学习某种社会实践技能，理解活动中的规范和要求。参观实践法是学前儿童社会规范教育的一种重要方法。通过有目的地参观或参与实践活动，能丰富儿童的感性经验，还能真实直观地感受和学习社会规则和良好的社会行为。

（四）榜样示范法

榜样示范法是指教师通过自己的语言、动作或教学表演，为学前儿童提供观察模仿的范例或者采用具有明显教育意义的典型事例，提供具有典型性的优秀人物等，供儿童直接模仿学习。

儿童模仿性强，容易被生动、具体、形象的典型所感染。教师是儿童有着特殊情感的对象，教师通过自身良好的行为作为榜样，有利于促进儿童良好行为习惯的养成。

(五)讨论法

讨论法是教师通过引导幼儿运用已有的知识和经验,对一些不了解的、认识模糊不清的、感觉困惑的、有错误认识的问题,发表意见,共同议论商讨,互相启发补充,从而获得相对正确的、符合规律的认识,明白事情和行为的对错、好坏。[①]在学前儿童社会规范教育活动中,针对儿童在实际活动中的表现,引导他们进行商讨,可以加深对各种规范的认识和理解,体会规则的意义。

(六)强化法

强化法是指教师采取一定的措施,对儿童已经出现的行为进行巩固或者纠正的过程。强化的作用在于帮助儿童形成或巩固符合社会规范要求的行为,改正或者消除其不符合社会规范要求的行为。强化法的具体实施包括肯定、表扬、鼓励等正强化手段和批评、惩罚等负强化手段。教师要根据实际情况,合理使用强化法,避免流于形式的表扬以及不明就里的批评。

四、学前儿童社会规范教育活动的基本要求

(一)重视儿童在社会规范教育活动中的主动性和主体地位

学前儿童很早就表现出对社会环境和社会现象的好奇,表现出对社会交往的渴望,并在此基础上对社会规范有了一定的认识。近年来,研究者发现,学前儿童对社会环境和社会规范的认知,不再是简单地接受成人的传递和要求,只记住社会行为的规范就可以了;而已经由社会规则被动接受者变为主动者。他们在充分了解社会环境及社会规范的基础上做出自己的判断、抉择,形成自己的见解。教师应充分了解儿童,站在他们的角度进行思考,选择适合他们的内容,以他们易于接受的方式开展活动。营造宽松和谐的氛围,鼓励和引导学前儿童发挥其主动性和主体性,在主动的建构中将社会规范内化成自身的认知和行为。

---

① 于开莲.幼儿园社会教育[M].北京:人民教育出版社,2015:58.

（二）教师提供支持，鼓励学前儿童与周围环境进行积极互动

很多心理学家和教育家都认同这样一个观点，儿童是在与周围环境的互动和体验中积累经验，进行学习的。在与环境的互动中，儿童能更加直接、主动、积极地进行学习。教师应该创设具有互动性的教育环境，为儿童与环境的积极互动提供支持，促进其社会规范及良好行为的形成和发展。

（三）将游戏和体验作为社会规范教育的重要途径

游戏是促进儿童社会性发展的重要手段。那些枯燥乏味的道理，通过形式多样、内容丰富、活泼有趣的游戏，能让学前儿童更加感兴趣，也更符合其身心发展的特点。在游戏中不知不觉就认知了那些道德规范和行为准则。而真实的活动体验，更是让幼儿身临真正的场景，在真实的社会环境和社会互动中建构社会规范和道德价值观。

（四）选择学前儿童生活中需要的内容，避免高大空

社会规范教育涉及学前儿童生活的方方面面，其内容十分广泛。在日常的社会规范教育活动中，要注意内容的选择，从儿童的真实生活出发，结合现实环境，选择他们需要的、感兴趣的、可以理解的内容。目前，有些幼儿园由于种种原因，会将一些吸引人眼球的内容引入到幼儿园教育中。但没有去思考，这些内容是否是儿童需要的、感兴趣的，是否值得引入。在社会规范教育的过程中应避免那些不切实际（高大空）的做法。

（五）重视社会规范教育的一致性，给幼儿以积极正面的影响

一致性原则是学前儿童社会教育的一个重要原则。在社会规范教育中，也需要注意实施教育的多个主体之间在观念和行为上的一致和统一，包括了教师自身的言行一致，教师之间的一致以及家园的一致。在这其中，任何一方的不一致，都会使学前儿童产生困惑甚至引起认识的偏差，从而影响教育效果。

五、学前儿童社会规范教育活动的设计

一个完整的活动设计主要包括活动名称、活动目标、活动准备、活动过程、活动延伸等。下面对每个环节的设计要点做出介绍。

（一）活动名称

活动名称即教育活动的主题、名字，名称的取法看似简单，但它在一定程度上反映了教师的教育理念以及活动的内容和要求。活动名称的设计最好能够反映活动的领域、活动的内容、活动的年龄段。名称应该简单明了，避免过于花哨让人无法理解的名称。如中班社会活动——我是文明小乘客。如有需要，可在标题下方写上活动班级以及执行教师。

（二）活动目标

活动目标是教育活动的出发点和归宿，目标指引着活动开展的方向，活动的实施是为了活动目标的达成。一般幼儿园活动会以目标为导向，根据目标选择适合的内容，设计可实行的活动方案。具体教育活动的目标是总目标以及年龄目标的细化，应做到具体、明确、可行。在目标的设置上，一般应包括认知（包括知识和技能）、情感态度和能力发展这三个维度的目标，但不是必须三个维度都要有。从《纲要》和《指南》中不难看出，现在对学前儿童情感态度以及行为习惯养成方面有了很大的重视，而不再仅仅是关注知识技能方面的目标。因此，我们在设计目标时，也应该关注目标中情感态度的部分。每个活动的目标不宜过多，一般2～3个比较适合。在目标的表述上，应该简单明了，语句要通顺。在表述的角度上，一般采用以幼儿为主体的表述方式，并且要做到所有目标的表述角度一致。

如：中班社会活动——应该怎样玩

目标：1. 体验规则给大家带来的方便，萌发规则意识。

2. 学习制定活动区目标。

（三）活动准备

活动准备一般可分为物质准备以及知识经验准备。物质准备包括了教师的教具，幼儿的学具，活动的环境和场地的准备。而知识经验准备则包括了幼儿已经具备的与活动开展相关所需的知识和经验储备。在活动准备中，知识经验的准备往往容易被教师所忽略。教师需要了解本班幼儿的实际情况，做好知识经验的准备。

（四）活动过程

活动过程是对整个活动开展有着指导意义的重要部分。活动过程需将教师各环节的教育行为安排清楚。活动过程主要包括三个环节。

1. 开始部分

开始部分也称为导入部分，是教师引入活动主题，激发幼儿兴趣的环节。导入部分时间不宜过长，内容应该与活动内容相联系，为活动的开展做好铺垫。导入可采用小玩偶、故事、情景创设、谜语、设问、多媒体等形式进行。

2. 展开部分

展开部分是整个活动过程的重点，是目标实现的具体环节。展开部分的设计应做到循序渐进，环节清晰，步骤明确，重点突出。各个环节之间是环环相扣的，过渡是自然流畅的，难度是逐渐加大的。对于教师行为的描述，要做到具体、清楚，让人一看就知道你在做什么，目的是什么。为了使活动顺利开展，在设计方案中，可将教师语言，特别是教师提问一一列清楚。在展开部分，教师应考虑教学方法在各个环节的使用，尽量做到一个活动中有一种主要的教学方法，此外还有其他的方法予以辅助，避免活动的单一乏味。

3. 结束部分

结束部分是对本次活动的一个收尾，教师可在该部分对活动做一个小结，帮助幼儿理清本次活动的要点。

（五）活动延伸

活动延伸指在教育活动后，教师继续设计一些与此相关的辅助活动，使教育内容渗透到一日生活中，使学前儿童受教育的时间能够持续，使教育的目的能够更好地实现。活动延伸的形式可以是家园共育、领域渗透、环境创设、区角活动、游戏等。

六、活动方案设计案例

活动方案一：
大班社会实践活动——争做“环保小卫士”

◇活动目标

1. 帮助幼儿了解一些环保知识，增强幼儿的环保意识，养成良好的行为习惯，初步树立社会责任感。

2. 鼓励幼儿大胆发表自己的意见，提高幼儿的语言表达能力。

3. 通过交往实践活动，培养幼儿的交往能力和社会适应能力。

◇活动准备

1. 白兔城市和灰兔城市的图片两幅。

2. 各种环保标志、清洁工具。

3.“环保小卫士”绶带、家长志愿者。

4. 知识经验准备：开展科学活动“有趣的纸”“水从哪里来”；社会活动“认识环保标志”；音乐活动“爱护小树苗”；语言活动“花儿好看我不摘”等。

◇活动过程

一、请幼儿做小评委，开展卫生城市评比活动，认识保护环境的重要性

（出示白兔城市和灰兔城市的图片）

1. 老师：今天，老师想请小朋友们来担任卫生城市评比委员会的评委，选出你最喜欢的卫生城市，并说明理由。

（幼儿回答）

2. 老师：你们为什么不选灰兔城市？

（引导幼儿回答）

3. 老师：白兔城市和灰兔城市有什么不同？

（引导幼儿讨论回答）

二、讨论治理灰兔城市的办法

1. 老师:我们想一想哪些办法可以帮助灰兔城市?请你们分组讨论一下,然后再发言。

(教师引导幼儿讨论,分小组进行指导。然后请幼儿回答)

2. 老师:请什么样的小朋友来做“环保小卫士”?怎样做才是真正的“环保小卫士”?

三、教师与幼儿协商分组,将“环保小卫士”的成员及工作进行细化分工

1. 教师引导幼儿确定“环保小卫士”各个成员的岗位并明确其职责。

2. 幼儿都可以做“环保小卫士”,可以自由讨论分工。引出几个岗位以及每个岗位的相应职责是什么:清洁员、督导员、宣传员。

3. 根据每组幼儿说出的内容,用表格的形式进行归纳。

四、家长参与,角色模拟

请家长志愿者扮演灰兔城市的市民,幼儿自由选择“环保小卫士”角色在教室模拟做灰兔城市的“环保小卫士”活动,教师巡回指导。

五、游戏活动总结与评价

六、请幼儿自愿上前发表感言,并请其他幼儿进行评判

1. 小朋友自主表达意愿及选择岗位。

2. 全班幼儿根据感言,评出首批“环保小卫士”。

3. 教师为十名获选的幼儿发绶带。

◇活动延伸

请幼儿在日常生活中也充当环保小卫士,将这种环保的精神继续发扬。

活动方案二：
中班社会教育活动——我是文明小乘客[①]

◇活动目标

1. 学习乘坐公交车时不推不挤、主动购票、让座等基本礼仪。

2. 在游戏中巩固乘车礼仪常识，发展语言表达能力，增强安全乘车意识。

3. 体验文明乘车、礼貌待人的乐趣。

◇活动准备

PPT课件、公交车场景布置、邀请表演人员：配班老师。

◇活动过程

1. 提问引题，激发兴趣。

教师："小朋友们，你们乘坐过公交车吗？"

"你乘公交车去了什么地方？"

"乘坐公交车时要注意什么？"

2. 图片对比，判断、理解图中行为的对错，引出乘车礼仪歌。

教师："老师有一次乘坐公交车，在车上看到了几位小朋友，他们的表现是这样的。我把他们拍了下来，一起来看看。"

依次出示电脑图片：挤着上车、给老奶奶让座、乱扔香蕉皮、吃糖葫芦、依次排队上车、在开动的汽车内把头伸出窗外、没有座位时拉住吊环、在开动的车内乱跑等图片。

分别提问："这样对吗？为什么？谁来提醒他们应该怎么做？"

总结并引出乘车礼仪歌：乘车请您先排队，前门上来后门下；上车不忘买车票，"您好""谢谢"莫忘掉；拉好扶手坐坐稳，手臂脑袋不外伸；还要学会让座位，做个文明的小乘客。

3. 真实游戏，掌握乘车礼仪和安全知识，体验游戏乐趣。

（1）上车礼仪（播放音乐）。

幼儿扮演"小游客"，开始海安之游。

---

① 徐琳.幼儿社会教育与活动指导[M].南京：江苏凤凰教育出版社，2013：108.

①排队从前门上车，并注意不要拥挤。

②配班老师扮演盲人上车，引导幼儿搀扶盲人、给盲人让座。

③主动购票。

(2)乘车安全。

①引导幼儿找座位坐好，没有座位的拉好吊环。

②不在车上随便走动。

③不把头、手伸出窗外。

④不在车上看书……

(3)"让座"情境：配班老师扮演孕妇。

(4)下车礼仪。

带领幼儿从后门下车，提醒幼儿不推不挤。

4."闯关"游戏，巩固相关知识。

(1)出示画面：车内一个孩子抓紧扶手，另一个孩子在车厢里走动。

教师："第一关，看看这两个小朋友，他们都没有找到位置，这样做对吗？"

……(幼儿回答)

"奖励你一个笑脸。"(没有座位的时候，一定要拉好身边的扶手)教师边说边在电脑上拖动相应的图标。

"给你一个哭脸。"(千万不要在开动的车厢里乱跑，这样容易摔跤哦)

(2)出示画面：一个孩子在车内乱扔香蕉皮，另一个孩子给孕妇让座。

教师："我们进入第二关，这个小朋友在干什么？香蕉皮扔在地上，对吗？哎呀！只能给你一个大叉叉了，在车内乱扔东西不是好孩子的行为哦！"

"这个小朋友在给一个怀着宝宝的孕妇让座，他做得对吗？奖励你一个√。他真是一个懂事的孩子。"

(3)出示画面：一个孩子在车内看书，另一个孩子安静地坐在车内。

教师："下面我们来闯第三关，这两个小朋友谁做得不对呢？为什么不对？给你个哭脸。这个小男孩他安静地坐车，是个文明的好孩子。"

5.总结并梳理经验。

教师：今天我们懂得了乘车时要懂礼貌、讲文明、注意安全，如果你们的爸爸妈妈下次再带你们乘坐公交车，相信你们一定能做到这些，让大家都知道你们是最棒最文明的乘客。

活动延伸：

了解乘坐飞机、火车、轮船等其他交通工具的注意事项，请家长利用空暇时间带孩子乘坐交通工具外出，提醒孩子做一名文明的小乘客。

活动案例三：
中班社会活动——变变变①

◇活动目标

1. 了解乱扔垃圾的危害，知道保护自己生活的环境。
2. 尝试用不同的粘连方法制作玩具。

◇活动准备

1. 小动物“春游”的情境表演。
2. 水源被污染的录像或者蚊蝇乱飞的图片。
3. 各种包装纸盒以及粘连材料。

◇活动过程

一、情景表演，引发问题

1. 看表演：斑马老师带小动物们去游玩。中午，大家在小河边的草地上，边说边吃。小猴把牛奶盒扔在地上，小兔把橘子皮扔到了河里。

2. 讨论：(1)过几天，这里会发生什么事情？用河水被污染的录像或蚊蝇乱飞的图片引导讨论。(2)你还看见哪里有污染？(3)怎么样才能让污染不出现？

3. 小结：老师小结环境污染的害处，并按照大家讨论的结果，处理和收拾这些包装盒等垃圾。

二、利用废物，尝试制作

1. 斑马老师出示用纸盒制作玩具(猫头鹰)，引发兴趣：这是什么做的？

① 应彩云. 孩子是天 我是云[M]. 上海:上海社会科学院出版社,2011.

2. 讨论制作方法：这么多盒子是怎么变成玩具的？

3. 介绍：这里有许多我们玩游戏时剩下来的包装盒，你们也试试做个玩具。这里还有许多胶水、玻璃胶、双面胶、图钉……试试哪些是你们用得着的。

幼儿制作，老师引导。

三、玩具展览

1. 将做成的玩具放在一起展览。

2. 介绍自己的玩具名称、材料。

3. 介绍并讨论：怎样粘连才会更牢靠一些。

【小结】

本章主要介绍了三个部分的内容：第一部分是学前儿童社会规范教育的概念、学前儿童社会规范的发展及其影响因素；第二部分是促进学前儿童社会规范的途径与方法，主要包含学前儿童社会规范教育的途径以及学前儿童社会规范教育的方法两方面内容；第三部分是学前儿童社会规范教育活动设计与指导，主要从学前儿童社会规范教育的目标、内容、方法、要求、设计思路及案例方面进行阐述。

真题解析

1. 中班幼儿告状现象频繁，这主要是因为幼儿(　　)。

A. 道德感的发展

B. 羞愧感的发展

C. 美感的发展

D. 理智感的发展

【答案】A。中班幼儿掌握了一些概括化的道德标准，他们爱告状，是由道德感激发起来的行为。

2. 幼儿看见同伴欺负别人会生气，看见同伴帮助别人会赞同。这种体验是（　　）。

A. 理智感

B. 道德感

C. 美感

D. 自主感

【答案】B。道德感是因自己或别人的言行举止是否符合社会道德标准而引起的情绪体验。小班的孩子道德感主要是指向个别行为的，如知道打人、咬人是不好的。中班孩子不但关心自己的行为是否符合道德标准，而且开始关心别人的行为，并由此产生相应的情感。到了大班，幼儿的道德感进一步发展和复杂化。他们对好与坏、好人与坏人，有鲜明的不同感情。题干描述的情感体验是道德感，故答案选B项。

3. 中（2）班幼儿在娃娃家游戏中，接待客人主动热情，与长辈交往很有礼貌，可家长却说，孩子在家不是这样的，有客人来了很少打招呼，还经常对爷爷奶奶发脾气。

请针对上述幼儿行为的反差，设计解决这一问题的教育方案。要求：写出问题的原因分析、教育目标、三种教育指导内容与方法。

【答案】

（1）原因分析

①由孩子的心理特点所决定。孩子年幼，自控能力差，对家长有强烈的依赖心理。幼儿园的集体生活，对孩子的行为有所制约，与家里的生活环境完全不一样，孩子在家时，心理上产生放松的感觉，已有了荣誉感，需要在家庭中获得一定的认可。

②由家长自身的原因造成。溺爱孩子，对他们放松要求；保护过多，对孩子包办代替；教育方法不得当；忽视了家庭与幼儿园教育的一致性。

（2）活动目标

①让幼儿了解基本的礼貌用语，养成良好的文明礼貌习惯。

②通过开展“文明礼貌伴成长”活动，提高教师自身素养，以教师为榜样，带动幼儿，影响家庭。

③通过看一看、说一说、画一画、玩一玩的方式，帮助孩子懂得文明礼貌的重要性。鼓励幼儿积极参与各类活动，并能用语言大胆表达自己参与活动的体验。

（3）活动准备

①课件、小蚂蚁头饰。

②让幼儿提前搜集蚂蚁资料等。

③幼儿已有跳集体邀请舞的经验。

（4）活动过程

①听音乐，做律动，引起幼儿参与活动的积极性

a. 让幼儿边听着《小蚂蚁》音乐，边按节拍踏步走进教室。

b. 做一个拍手律动。让小朋友听着《小蚂蚁》的音乐跟着教师拍手，每四小节的前两小节分别在胸前左右拍手，每四小节的后两小节分别做邀请动作、招手动作、点头动作和握手动作（听着音乐做两遍）。

②导入新课提前让幼儿搜集关于蚂蚁的资料，观察、了解蚂蚁有什么生活习性，幼儿有了这方面的资料准备，教师就可以提问。

a. 教师提问：“课下，你们观察到蚂蚁有什么特点？你对蚂蚁有哪些方面的了解？”

b. 播放音乐课件（展示几幅蚂蚁图）。

③听录音唱。

④做歌词接龙游戏。

⑤跳集体邀请舞。

⑥小结。

思考与练习

1. 什么是学前儿童社会规范教育？它包含了哪些部分的内容？

2. 影响学前儿童社会规范发展的因素有哪些？你如何看待这些因素对学前儿童社会规范的影响？

3. 学前儿童社会规范教育的途径有哪些？

4. 常用的学前儿童社会规范教育的方法有哪些？

5. 根据第三节内容，请同学们分别设计一个小中大班的社会规范教育活动方案。

第 6 章

学前儿童社会环境教育与活动指导

人际交往和社会适应是儿童社会领域学习的主要内容，其中社会适应主要是指儿童个体与社会环境互动中，不断地调适个体的行为和方式，与社会环境建立和谐相处的一个过程。只有儿童获得了这种社会适应，才能有助于儿童的学习与发展，适应社会的发展。而如何帮助儿童建立与社会环境的和谐相处，适应社会群体的基本行为规范、生活形式，具有初步的归属感，这是《指南》社会领域的核心发展目标，学前儿童社会环境教育开展尤为重要。如在世界粮食日活动当天为让幼儿知道节约粮食的重要性，老师组织幼儿开展节约粮食行为的宣传活动，通过活动的开展，让幼儿意识到节约粮食的重要性，爱护社会环境的价值，儿童在这种喜闻乐见的方式中习得了社会环境教育的方法。

在幼儿的实践活动中，体验人与社会环境和谐相处的重要意义，如在户外树林体验活动中，让幼儿亲密接触大自然、感受大自然。在本章中，将会从理论与实践相结合的层面，对社会环境教育进行有针对性的梳理。

【学习目标】

1. 了解学前儿童社会环境教育的定义。
2. 了解学前儿童社会环境教育的影响因素。
3. 掌握学前儿童社会环境教育的途径与方法。
4. 把握学前儿童社会环境教育活动设计注意事项。

【学习重难点】

能够掌握学前儿童社会环境教育的途径与方法，尤其注意其教育方法的灵活性。

【知识结构图】

- **学前儿童社会环境教育与活动指导**
  - 学前儿童社会环境教育及影响因素
    - 学前儿童社会环境教育的定位
    - 学前儿童社会环境教育的影响因素
  - 学前儿童社会环境教育的途径与方法
    - 学前儿童社会环境教育的途径
    - 学前儿童社会环境教育的方法
  - 学前儿童社会环境教育的活动设计与指导
    - 开展学前儿童社会环境教育活动的意义
    - 学前儿童社会环境教育活动设计注意事项
    - 设计范例和分析

第一节 学前儿童社会环境教育及影响因素

学前儿童的社会环境与成人的社会环境就其教育对象上来讲，其概念和意义具有一定的差别，有其特殊性。由于儿童生活的环境是复杂的，影响其教育的因素也是多重性的。

一、学前儿童社会环境教育的定位

（一）学前儿童社会环境

社会环境是指人类生存及活动范围内的社会物质、精神条件的总和。广义包括整个社会经济文化体系，狭义仅指人类生活的直接环境。社会环境的构成要素主要包括家庭、朋辈群体、学校、工作单位、社区、文化和大众传媒7个方面。而学前儿童的社会环境主要指儿童生活的家庭、幼儿园、社会机构、社区、家乡、国家与民族、重大社会事件。

（二）学前儿童社会环境教育

社会环境教育是指增强广大人民群众的环境意识，普及环境科学知识的教育。它的对象是全体人民，是社会教育的一个方面。根据我国的国情，社会环境教育大体可分为成人环境教育、中小学幼儿环境教育和专业院校环境教育3个大的层次。在每一个大层次中又可以按其结构和文化程度的不同、分为若干层次进行。[1]其中学前儿童的社会环境教育主要是指学前儿童时期是人生认识自然和社会的初始阶段，这个时期的环境教育主要是让儿童养成一种爱护环境的习惯，把保护环境、保护自然的最基本、最原始的思想和行为处于各方面教育之中，在环境中遵守基本的社会规范，具有初步的归属感。

1. 家庭中的环境教育

包括家庭成员、家庭设施、生活用品和家用电器。规范：爱、关心、尊重家人；自我保护（谨慎）；愿意动手使用生活用品、家用电器以及做力所能及的家务劳动（道德）；家里来了客人，正是训练宝宝礼貌待客的好机会，家长应该向孩子介绍来的是什么客人，再向客人介绍孩子，让孩子帮客人拿拖鞋、拿杯子，孩子摆放糖果、餐具等，当客人到来，还要孩子自己学会做主人，带儿童参观和分享自己的玩具；如果去别人家做客，也要先告诉孩子主人家的情况，如何称呼，如果别人家有小朋友，还可以为小朋友准备礼物等。告诉孩子不能随便乱跑，不能大声喧哗，不能随便翻别人的东西等，吃饭的时候也不能随便说话。

2. 幼儿园中的环境教育

知道自己幼儿园、班级的名称及所在班级教师、同伴的姓名，认识园内其他教师和工作人员的姓名，以及他们所从事的主要工作，他们的劳动与自己的关系等。知道幼儿园内外的主要环境、主要设施和相关的行为规范等；爱老师、同伴、幼儿园等（道德）；礼貌、关心、互助、合作、轮流、遵守游戏规则等（人际交往规范）。

3. 社会公共机构中的环境教育

知道医院、邮局、商场、超市、餐厅、理发店、银行、消防队、动物园、公园、影剧院、博物馆、公交站等的名称，各场所设施的名称和构造，相关职业的名称、相关职业的具体工作及与自己的关系等；在不同的场所我该做什么、怎么做（道德、人际交往、谨慎），如：在医院要排队看病，要对医生有礼貌，不要动医院的任何药品、器械及试用过的棉花棒等；在公交站，要排队上下车，不推不挤；在红绿灯口，学会看信号灯等基本的社会规范。

---

① 张维.社会环境教育的层次结构[J].中国环境管理，1989 (06).

4. 国家、家乡的环境教育

知道自己的家乡、民族、祖国的名称，地图上的大致方位；知道首都、国旗、国徽、国歌等；知道家乡及祖国的风景名胜、著名建筑、风土人情、风俗习惯及主要生活方式等；了解国家和民族的重大节日如春节、清明节、端午节、中秋节、重阳节等；知道与自己关系密切的主要节日，如妇女节、劳动节、儿童节、国庆节、教师节、父亲节、母亲节等，形成爱家乡、爱祖国的情感及一定的民族荣誉感。另外，还应了解关乎社会环境保护的节日，如世界环境日、世界水日、世界粮食日等，形成爱护环境，保护环境的责任感!

5. 重大社会事件中的环境教育

主要包括了解社区、家乡和国家及世界近期的一些重大活动，如奥运会、抗震救灾、中国人首次漫步太空等；了解与重大事件相关的规则，如怎样申办、支持奥运，怎样支援抗震。

二、学前儿童社会环境教育的影响因素

学前儿童的社会环境教育是在一定的社会环境中进行的，在与社会环境的互动中，不断地从一个自然人发展到具有对社会环境的责任感、紧迫感、自觉意识的社会人。那么，学前儿童在习得社会教育时是受到一定的因素影响的。

(一)学前儿童自身的因素

任何学习都离不开儿童个体的认知和理解，如何获得对社会环境的正确认知和理解，需要发挥儿童的主观能动性，儿童自身的气质特质、认知能力都在影响其社会环境教育的水平。如对于一个性格外向的儿童，比较愿意参加各种社会环保宣传活动，能够积极主动与其他人互动，这样的儿童能很快领悟到教育的内涵；而对于胆小的学前儿童，害怕与他人交往，虽然能遵守基本的社会规范，但是不能够积极地与他人互动，不能够影响他人，遇到他人不良的行为，不敢指出别人错误行为。一个性格外向的儿童，在礼貌表达方面，敢于积极大胆地向他人问好；而一个胆小的儿童，往往不善于表达。

儿童的社会认知能力是开展社会环境教育的前提，一切外部因素的影

响，只能被儿童理解、内化，才能促进儿童认知社会环境规范、环境知识、社会现象、社会规则。从皮亚杰的儿童认知发展阶段论可知，儿童社会环境教育的习得是受儿童认知发展水平的影响。处于前运算阶段的儿童（2～7岁），由于语言和思维以自我为中心，思维具有不可逆性，很难对社会规范进行价值判断，但是具备了对社会环境基本认识的心理表征；而处在具体运算阶段的儿童，思维具有可逆性，能够在不同的社会环境中对社会规范进行判断。

（二）社会环境因素

如果说儿童自身的因素是影响学前儿童社会环境教育的主观因素，那么可以说社会环境是影响学前儿童社会环境教育的客观因素。这里的社会环境主要指的是幼儿园、家庭和社区。

1. 幼儿园

幼儿园是不同于家庭的一种社会群体，在这种群体中，有着不同于家庭的生活方式、人际关系、行为要求、活动形式，儿童要适应这种环境的变化，必须在心理和行为上发生改变，以适应这种社会群体，与这种社会环境建立和谐的关系。在这种改变的过程中，就是儿童对社会环境适应和学习、发展的机会。

幼儿园教育是影响学前儿童社会环境教育的重要因素，幼儿园特有的教育资源和教育条件能够顺应儿童的身心发展规律，幼儿园有专门的教师，对社会环境教育有专门的目标、系统的教育内容，能促进儿童社会环境教育更好的发展，更能影响学前儿童的社会环境意识，形成社会规范。幼儿园的教育往往决定着儿童身心发展的水平和方向，其对社会环境教育的内容比较系统、丰富，教育方法灵活多样，容易被学前儿童接受。幼儿园环境的创设、幼儿园各种常规的建立，幼儿园同伴间的交往、师幼关系的建立，无不在影响儿童对社会环境的认识、对社会规范的认知及习得，对儿童的社会性的发展起着重要的作用。

幼儿园物质环境对学前儿童社会环境教育的影响：幼儿园的空间布置、装饰风格、材料都必须符合幼儿的心理和认知特点，每一处环境设计都要贴近幼儿的生活，符合幼儿的认知特征。如园区人数的控制，用几个小脚印提示，喝水排队的指引线。进区域的规则用形象的图示张贴在区域，这些潜移默化的环境创设，让儿童不断地学会社会规范，懂得集体的要求，爱护幼儿园环境。

幼儿园的心理环境对学前儿童社会环境教育的影响：如教师的行为将对儿童的社会环境教育起到直接的影响作用，儿童在这个时期会潜移默化受学习老师的行为的影响，将社会环境的学习融入幼儿的游戏中和一日生活中，让幼儿轻松地获得社会环境教育。教师在这个过程中扮演着重要的榜样角色，教师可以创设温馨、平等、和谐的心理环境，引导幼儿进行合作、交流、分享，指引儿童进行良好的同伴互动，帮助幼儿学会解决冲突，发挥同伴指导的作用。

2. 家庭

家庭是儿童最早和最直接的生活环境，家庭中良好的家风，和谐的亲子关系，良好的家庭教育方式，都在潜移默化地影响着儿童获得社会环境教育。一个好的家风，孩子往往能够知书达礼、待人接物有规矩；和谐的亲子关系，容易影响到孩子与同伴、教师融洽相处。一个整洁、有序的家庭环境中培养的孩子，比较容易爱护周边的环境、遵守环境中的秩序；在家庭中过于溺爱、过于保护孩子，或不允许孩子到一些公共场合（如电影院、公交车、地铁等），不利于幼儿适应社会，使幼儿难以适应社会规范。

3. 社区

社区对儿童的社会环境教育起着不可忽视的作用。儿童是社区中的一员，自然而然，这个社区的人员的言行，会影响着儿童的行为；社区公共空间的设置，如公园、超市、道路、花园、广场、儿童游乐场、步行街等设施，为儿童提供了与他人、自然接触的空间，拓展了儿童对社会规范和社会环境的认知，为儿童提供了社会活学堂。

真题解析

简述幼儿社会学习的指导要点。

【答案】

(1)社会领域的教育具有潜移默化的特点。幼儿社会态度和社会情感的培养尤其应该渗透在多种活动和一日生活的各个环节之中,要创设一个能使幼儿感受到接纳、关爱和支持的良好环境,避免单一呆板的言语说教。

(2)幼儿与成人、同伴之间的共同生活、交往、探索、游戏等,是其社会学习的重要途径。应为幼儿提供人际间相互交往和共同活动的机会和条件,并加以指导。

(3)社会学习是一个漫长的积累过程,需要幼儿园、家庭和社会密切合作,协调一致,共同促进幼儿良好社会性品质的形成。

第二节 学前儿童社会环境教育的途径与方法

儿童对社会环境的学习是一个复杂的过程，幼儿周边的环境资源无不在潜移默化地影响着儿童，在其与社会环境互动的过程中，可以通过以下途径与方法实施。

一、学前儿童社会环境教育的途径

对于学前儿童社会领域的学习与发展过程是其社会性不断完善和健全的过程。良好的社会性发展对幼儿的身心健康的发展有着重要的影响，因此良好的社会环境及文化的熏陶是学前儿童发展社会性必不可少的条件。那如何开展社会环境教育让学前儿童能遵守规则，形成基本的认同感及归属感呢？《指南》指出："幼儿的社会性是在日常生活和游戏中通过观察和模仿潜移默化地发展起来的。成人要注重自己言行的作用，避免简单生硬的说教。"开展学前儿童的社会环境教育可从以下几个途径着手。

（一）在日常生活中渗透社会环境教育

社会环境教育要充分再现渗透在一日生活中的各个环节，因此可以在幼儿园一日生活环节中进行。

如在入园环节，师幼、同伴之间、家长和孩子之间进行每天坚持不断地礼貌地打招呼，久而久之形成讲文明、讲礼貌的环境氛围，儿童的这种礼貌行为的养成慢慢地影响到其在家庭、待人接物、公共场合的礼仪规范；在区域活动中，引导幼儿不抢玩具、学会轮流，潜移默化地让儿童学会了人与人的自然和谐；为了让幼儿养成良好的节约用水和节约用电的好习惯，在水龙头和电源开关处都有提示“节约用水”“节约用电”的标识，儿童在洗手、开关用电时，不断地被这些标识提醒着，提醒幼儿养成良好的节约环境资源的意识，这种节约环境资源、保护环境的意识慢慢地会迁移到儿童的日常生活中，内化形成良好的行为习惯；在幼儿园的集体活动、大型活动及喝水环节，不断强化和提醒幼儿不推不挤，自觉养成排队等候的习惯；在进餐时，培养幼儿不挑食，不浪费的食物习惯。

另外，幼儿园通过创设自然生态的环境，如班级创设植物角，种植各种植物，幼儿在餐后活动时去照顾植物，在这个过程中，幼儿萌发爱护植物、照顾环境的责任意识；有的幼儿园在条件允许的情况下，开辟种植园，在此让儿童体验种植和劳动的乐趣，在种植的过程中，让儿童体验种植蔬菜、感受植物的生长变化，亲自收获劳动的成果，在幼儿园组织开展烹饪活动，在这种生态化的环境中，感受人类与绿色生态的关系。同时，也培训了幼儿爱绿、植绿的环境生态意识。

在幼儿园的一日生活中，渗透了许多社会环境教育的契机，挖掘这些教育的价值，久而久之幼儿便具备了遵守良好社会秩序的行为和保护社会环境的意识。

（二）开展专门的社会环境教育活动

儿童的社会环境教育可以通过开展专门的教育活动，促进幼儿形成更加深入的社会环境知识，养成良好的爱护社会环境的行为。如在幼儿园开展系列的主题式社会环境教育活动，结合传统节日和环境保护的节日开展主题活动。

开展家乡、国家的系列环境教育活动，如结合“国庆节”主题，通过我国名胜古迹的调查、认识不同的民族和服装、歌舞《我爱北京天安门》、大型游戏、庆祝活动及升旗仪式等，让幼儿通过感受祖国大好河山的秀丽壮观、祖国的强大，了解和尊重不同民族的文化习俗，萌发爱国之情，体验庆祝国庆的快乐之情。

结合可持续发展观，即一要满足人类发展的需要，二要不损害自然界的能力。[1]遵循人与自然的和谐，人与社会的和谐。如开展世界水日的主题，通过“水的故事”、水的作用、水的实验、为节水出份力、节约用水社区宣传等活动，让幼儿知道水的重要性，懂得节约用水要从自我做起，鼓励幼儿用自己的行动感染身边的人，提醒他们要珍惜水，保护环境，保护我们的美丽家园。在植树节到来之际，开展植树节相关的系列主题活动（如调查树木的作用，亲子社区种植活动，宣传如何保护树木的行为等），引导儿童知道树木与人类生活的密切关系，知道树木的价值，在儿童幼小的心灵中植下一颗爱绿的种子，珍爱绿色，爱护我们生活的共同家园。在活动中，儿童不断地内化自然生态的价值，尊重自然发展的规律，成为影响社会生态环境的良好发展的一分子。

（三）开展专门的游戏活动

游戏活动，具有情境性、趣味性，同时有一定的角色扮演在其中。在开展社会环境教育活动时，可以通过游戏活动来进行。幼儿可以在游戏中再现生活中的角色，来习得社会行为规范，感知社会环境。如幼儿园开展游戏街活动，游戏街的活动源于幼儿身边熟知的生活场景。在幼儿的讨论下，游戏街中有超市、理发店、银行、交巡警平台、咖啡店、服装店、银行等社会公共环境机构，幼儿根据讨论的机构，进行游戏环境的创设，在环境创设的过程中再现社会公共环境的经验，如医院的设施、理发店的工具、超市的布局，幼儿根据各个环境，进行角色的分工，有医生、病人、警察、服务员、收银员等社会角色，在玩游戏时，幼儿在这种社会环境中，再现社会规范，如购物要排队，如何与医生打招呼及遵守医生的叮嘱。幼儿在游戏中玩起路边交通标识的游戏，如看到交通信号灯怎么走、还有的三三两两的幼儿开起了小小脚踏车，时不时有小交通员提醒要遵守交通标识等，去银行取钱及到超市购物买单时，孩子们知道要排队。咖啡店，孩子们模拟点单、买单的秩序。在游戏中，通过模拟成人社会让孩子获得生活经验，他们在游戏活动中感悟、体验、内化相关社会生活经验，从而促进其社会性的综合发展。让幼儿知道一个良好的社会环境是有秩序、有规则的，社会环境是丰富的，相互联系的，每个社会角色都发挥着重要的作用。

---

① 马桂新.环境教育学[M].北京:生活·读书·新知三联书店,2003:210.

(四)开展家园、社区教育活动

就儿童来说，与自己周围的社会环境能建立和谐的关系，是其社会学习的重要内容，因此社会环境教育的学习是一个相互影响和不断积累的过程，需要幼儿园、社区教育形成合力，步调一致，打造我们的美好家园，实现人与社会的全面和谐，促进儿童的社会适应。只有广大社区民众的参与才能使社区环境乃至整个社会环境问题得到最好的解决。

幼儿园可以组织开放性的环境教育活动，由幼儿园转向家庭和社区，向社区广泛宣传环保知识、环保方法，引导家长及社区人员积极参与，帮助社区人员增强环保意识，鼓励社区、家庭参与到幼儿园的环保宣传活动中。当然在组织社区人员参与的过程中，需要发挥幼儿园的创造力、激发和鼓励社区人员的参与热情，联合社区居委会共同打造。如幼儿园每学期结合节日开展多项社区宣传活动，组织世界粮食日社区环保宣传活动，世界地球日社区环保宣传活动，义卖活动，禁止吸烟、社会环境保护、垃圾分类宣传活动等，将环境教育走向社区、走向家庭，共同保护社区环境，遵守社区规范。

借助社区资源促进儿童对社会环境的认识，强化社会规范的学习，如借助社区的公共机构进行参观学习和体验，参观社区医院、社区消防中队、社区的小学、社区超市、社区银行。此外，邀请专业的社区人员进园为幼儿开展社会课堂，如消防员叔叔进园开展消防演练、地震演练，派出所的警察叔叔进园为儿童讲如何保护自己，医生进园为家长培训儿童保健专题等。

在家庭、幼儿园、社区三位一体的教育中，儿童在实际的周边环境中，体验、积累和学习相关的社会规范，建立与周围环境的和谐关系，获得良好的社会适应。同时，在活动中，社会环境教育辐射影响着家庭、社区。

二、学前儿童社会环境教育的方法

(一)参观体验法

参观社会环境，主要是教师根据教育的目标，通过组织儿童到幼儿园及幼儿园外的社会机构进行实地观察、探索和思考，而获得对社会环境的认知及基本的社会规范的学习；其次是让儿童接触自然环境、动植物，以培养幼儿对万物的关爱之情、产生对大自然的归属感和认同感。如组织幼儿参观农贸市场、医院、超市、银行、派出所、消防大队等公共社会机构，让儿童认识社会环境与我们的关系，懂得一定的社会规范。组织亲子春游、秋游、野外拓展活动让幼儿游览参观大自然，采摘果子、落叶、感受动物的多样性等，让儿童走进大自然、观察自然、与大自然密切地交流，培养他们对大自然的认同感，感受大自然赋予人类的美，萌发保护自然人人有责的情感，培养儿童对大自然中生命的同情，培养儿童对大自然的感悟力。

（二）情境体验法

主要指教师根据一定的教育目标，创设一定的教育环境，让幼儿在情境中体验，从而培养其社会环境教育认知、行为规范的一种方法，如创设生活情境垃圾分类的情境，让幼儿学会垃圾分类；创设火灾逃生演练的情境，学前儿童在演练的体验中知道周围环境保护及自身保护的重要性；创设游戏环境，让儿童来模仿动植物，进行角色扮演，让儿童体验动植物，与动植物进行交流，培养他们对大自然的认同。

（三）行为练习法

所谓行为练习法即在学前儿童社会教育过程中，教师通过组织幼儿按照正确的社会行为规范进行实践和练习，以巩固、养成幼儿良好社会行为的教育方法。[①]如为帮助幼儿养成良好的行为习惯，在幼儿园一日生活中不断通过儿歌、手指操等形式反复强化练习礼貌语言、礼貌动作的表达，不断强化幼儿的集体活动规则、午睡的常规、进餐常规等。

（四）讲解法

所谓的讲解法，即通过成人向学前儿童讲有关社会环境教育的知识、良好的行为做法，让幼儿从中懂得应该怎样做，才能让我们生活的社会环境安全、健康、有秩序。比如，给幼儿介绍各种公共交通标志，幼儿园邀请专门的交警为幼儿开展交通安全教育、邀请消防大队进园为幼儿开展消防知识讲解，邀请派出所的民警为幼儿讲解如何保护自己，等等。

① 李辉.学前儿童社会教育[M].南京：东南大学出版社，2016:51.

(五)实践操作法

实践操作法,主要是让幼儿在周边的环境中,进行实践,做到亲自动手去创设环境、美化环境,为自己生活的环境贡献一分力量。如在植树节到来之际,组织幼儿到社区植树,开展爱树和护树行动,为社区、家园环境做出实际行动。还可以组织幼儿把学到的垃圾分类的方法,带到社区,帮助社区人员正确地学会垃圾分类;每天组织幼儿为班级的植物角进行清洁、照顾;鼓励幼儿做一名合格的值日生,把班级环境照顾好等,让儿童在实践操作中,不断地强化责任意识。

拓展阅读

自然教育方法[①]

自然环境教育方法是通过让儿童、青年接触自然环境,接触动植物,从而培养对自然万物的关爱之情,产生对大自然的归属感和认同感。

美国的约瑟夫·克奈尔是当今世界最负盛名的自然教育家。他认为只有把爱自然视同爱自己,你才会真正关爱万物。中国人"天人合一"的古老说法和美国自然教育运动创始人的发现不谋而合,都认为教育的最高目标是培养对生命的同情。花朵的鲜艳美丽,飞鸟的从容优雅,树林在风中引吭高歌,大自然总是以各种各样的方式来感动我们。不同素质的人体验自然的能力是完全不同的,这种能力和这种素质要通过教育来培训。美国的约瑟夫·克奈尔的自然教育方法坚持的原则:(1)少一些说教,多一些分享;(2)善于接纳,敏于感受;(3)尽快集中学生的注意力;(4)先观察、体验,然后再发表意见;(5)教学中充满快乐。

① 马桂新.环境教育学[M].北京:生活·读书·新知三联书店,2003:256.

真题解析

制定幼儿班级生活常规的主要目的是(　　)。

A. 让幼儿学会服从

B. 帮助幼儿学会自我管理

C. 维持纪律

D. 便于教师管理

【答案】B。制定幼儿班级生活常规,持之以恒,培养幼儿良好的习惯,帮助幼儿学会自我管理。

第三节 学前儿童社会环境教育的活动设计与指导

社会环境教育越来越备受关注，社会上对社会环境教育的开展呈现了多元化的趋向，当然也出现了一定的效果，但效果甚微，这需要每个社会成员的共同的努力，社会环境教育影响到每一个社会人，这不得不从娃娃抓起，那么作为影响幼儿社会教育的重要他人——教师该如何设计适合幼儿身心发展特点的社会环境教育活动呢？幼儿社会领域的学习具有潜移默化的特点，学前儿童社会环境教育的开展可以在幼儿的一日生活和多种活动的环节中开展。

一、开展学前儿童社会环境教育活动的意义

（一）有助于帮助儿童树立正确的是非观

每一个家长都期待自己的孩子拥有正确的人生观，成为社会认可的人，因此可以通过社会环境教育，让儿童习得正确的社会规范，了解社会环境，认知社会群体，让儿童在社会环境中能够正确地表征社会行为，形成正确的是非观。如在公共场合，如何遵守公共场合的规则，如何爱护公共环境，保持环境的干净、整洁？从儿童开始就接受正确的做法，为幼儿成为一个具有是非观念的社会人打下良好的基础。

(二)促进学前儿童社会化的发展

学前儿童的社会化发展是在与周围的社会环境中实现的，马拉古奇曾提到：“教育乃是由复杂的互动关系所构成，也只有‘环境’中各个元素的参与，才是许多互动关系实现的决定性关键。”积极的、正向的社会环境教育，可以促进幼儿与不同的社会环境中的人建立积极的关系，促进社会交往的发展，同时获得对社会环境的认识，习得初步的社会规范。如幼儿在幼儿园的集体中，发展同伴关系、师幼关系，学会交往的技巧，养成良好的生活习惯。在幼儿园组织社区活动及其他公共机构的活动中，让幼儿认识了不同的社会角色，发展了社会认知，密切了与社区环境的关系，掌握基本的社会交往规范，促进学前儿童社会化不断地发展，逐步适应社会生活。

二、学前儿童社会环境教育活动设计注意事项

学前儿童的年龄特征决定了对其实施社会环境教育的特殊性，因此在设计环境教育活动时，作为教师要注意以下几点。

(一)关于社会环境教育的目标

增强幼儿对社会环境的责任感、紧迫感、自觉意识，丰富幼儿的社会环境教育知识，能够获得一定的爱护社会环境的技能，同时能在儿童周围的社会环境中习得社会规范。在目标设置中，对社会环境的认识与社会规范的认知是密不可分的，不同的社会环境中有不同的社会规范需要遵守，社会规范的遵守可以保证社会环境的良性发展。

(二)关于社会环境教育的内容

应选择符合幼儿年龄特征的任务与内容；活动内容的选择应根据幼儿的兴趣和关注点，贴近幼儿身边的生活，设计活动应具有针对性，涉及的社会规则不宜过多；应选取正面的社会现象作为社会规范认知的案例；幼儿园小环境与社区、社会、大自然环境有机结合，不是孤立的行为，如开展垃圾分类的教育活动，不仅仅是在幼儿园学会垃圾分类，而是要把这种垃圾分类的正确做法延伸到家庭，辐射到社区，影响到整个社会。

(三)关于社会环境教育的方法

对于儿童开展社会环境教育切忌太多的说教，因为儿童的学习是以直接的体验方式为主，因此要重视参观、体验、游戏等教育方式的运用。例如，让幼儿知道交通规则，就需要幼儿在交通游戏的情境中去体验，真实的感受交通规则。

(四)关于社会环境教育学习生活化、综合化

在开展环境教育时，不能仅仅当作一种获得社会常识的课，还应该在实践中将其渗透在幼儿的一日生活环节中，注重其学习的综合性、生活化。幼儿园一日生活中渗透了许多社会环境教育的契机，教师要挖掘其社会环境教育的价值。如幼儿的入园、离园的礼貌用语，幼儿集体观看表演时的规则，幼儿进餐的氛围和要求，活动中如何倾听他人说话，如何上下楼梯，如何做值日生等。

三、设计范例和分析

案例一：认识交通标志(中班)[①]

◇活动目标

1. 认识了解一些常见的交通标志，知道这些标志的含义。
2. 乐于遵守交通规则，体会遵守交通规则给人们生活带来的方便。

◇活动准备

1. 交通标志调查表(幼儿完成)、小圈每人一个。
2. 课件：小猪过马路；看标志开汽车。

◇活动过程

一、故事情景导入，引起幼儿对认识标志的兴趣

1. 师：今天早上，在马路上发生了一件事情，小朋友想不想知道？(幼儿：

① 此活动设计来源于莲山课件，原文地址:http://rj.5ykj.com/html/27972.htm.

想）那我们一起来看一看吧。

2. 播放课件：小猪一个人出去玩，走到十字路口，红灯亮了，小猪看见前面没车，就很快地往对面跑，结果被一辆摩托车撞倒了。只听见“砰砰”几声响，小猪被撞倒在地上，头上流了很多血，小猪害怕极了，哇哇大哭起来。

3. 教师提问：小朋友，刚才发生了什么事？小猪这样做危险吗？那过马路时我们应该怎么做呢？（幼儿自由讨论：要看红绿灯，不能闯红灯）

4. 教师小结：在过马路的时候，我们应该看好信号灯的标志，红灯停、绿灯行，要遵守交通规则，注意安全。

二、交流分享

1. 师：那马路上除了有信号灯的标志以外，还有很多的交通标志。最近老师请小朋友收集了许多交通标志的调查表，先请你们互相看一看，说一说，你认识哪些交通标志？这个标志告诉我们什么？

2. 幼儿小组讨论交流自己的调查表，教师巡回指导。

3. 请个别幼儿介绍自己的调查表，教师出示相应的交通标志图。

4. 教师小结：原来生活中有那么多交通标志，它们都代表不同的含义，都有不同的作用，有了这些标志，就使我们马路上的交通更加有秩序、更方便。

三、游戏：小司机

1. 师：现在就请小朋友一起来当回小司机，看看谁最能遵守马路上的交通规则，好吗？看，这是什么标志？（机动车行驶）那就让我们快快拿起方向盘，开起我们的小汽车，出发咯！（幼儿手拿小圈听开汽车音乐，开始游戏）

2. 教师演示课件场景，幼儿看标志玩游戏。

马路场景—汽车行驶标志—红绿灯标志—人行横道（注意行人）—禁止鸣喇叭—右转弯—注意儿童（有儿童）—车辆慢行—停车场

四、结束游戏

小结：小朋友，你们都是遵守交通规则的小司机，以后爸爸妈妈开着汽车带我们出去玩的时候，你们也要提醒爸爸妈妈要看好马路上的交通标志，遵守交通规则，注意安全，好吗？

◇活动分析

“认识交通标志(中班)”是属于社会环境教育中社会规范的认知活动,社会规范是指社会成员在社会生活中,为了维护公共利益,维持社会秩序而必须遵守的行为准则,是衡量社会行为的价值标准。

标志作为一种图形符号,以它简单性、形象性、直观性、知识性、实用性等特点被现代人所广泛应用,各种环保标志、交通标志和安全标志与幼儿的生活密切相关。《纲要》中提到:“应培养幼儿对生活中常见的简单标志和文字符号的兴趣。”可见,让幼儿掌握生活中一些常见的标志和含义,有着极其重要的教育意义。

中班的孩子虽然年龄小,但好奇心强,然而由于生活经验的缺乏,缺少积极的自我保护的能力和技巧,在这个活动中,教师从众多的交通标志中选择了一些贴近幼儿生活、能为幼儿理解的标志符号,引导幼儿通过“认识交通标志”“了解交通标志的意义”“看标志玩游戏”等活动,通过游戏方式轻松学习,教给孩子必要的交通安全知识,提高幼儿安全意识和规则意识,进一步培养幼儿的自我保护意识和能力。

调查表的使用让孩子有了充分交流的机会,小朋友在集体交流时都很兴奋、很积极主动;孩子们在做做玩玩中进一步巩固了对各种交通标志的认识和理解,也培养了孩子乐于遵守交通规则的良好品德。

案例二:垃圾分类知多少(大班)①

◇活动目标

1. 通过创设垃圾桶的分类标志,增强对垃圾进行分类的意识。
2. 学会对生活中的垃圾进行分类。
3. 在设计垃圾桶标志的过程中体验合作学习的乐趣。

◇活动准备

1. 物质准备:垃圾分类PPT,四种垃圾桶的图片,黑色笔,“可回收的垃圾”“厨余垃圾”“其他垃圾”与“有害垃圾”的字条,以及白纸若干、实物垃圾

① 此教案活动设计参照广州开发区第二幼儿园吴宝婵老师的活动设计.

(易拉罐、牛奶袋、树叶、铅笔头、废旧纸等)。

2. 经验准备:幼儿有初步的垃圾分类的知识,了解“可回收”“不可回收”的意义。

◇活动过程

一、结合生活经验,导入活动

说说幼儿园里有哪些类型的垃圾桶。出示垃圾桶标志的图片。

教师:我们为什么要进行垃圾分类?

幼儿:因为有的垃圾是可回收的,有的垃圾不可回收。如果不分类,可回收的也就不能用了。

教师:教室里每天都会产生许多垃圾,我们把教室中的垃圾进行分类,应该用几个垃圾桶?

幼儿1:三个,有放厨余垃圾的,有放可回收垃圾的。

幼儿2:还需要一个其他垃圾桶,放卫生纸、扫地时的渣子、灰尘。

二、设计垃圾桶标志

1. 利用墙饰中展示的分类垃圾桶图片引出问题:如何区分不同类型的垃圾桶?

教师:四个垃圾桶容易混淆,怎样来区分它们呢?

幼儿:它们的颜色不一样,绿色作厨余垃圾桶,红色可作为有害垃圾桶,蓝色是可回收的垃圾桶,其他垃圾桶是黄色。

教师:这样可以,可是我们的小班的弟弟妹妹不知道垃圾中有哪些可回收垃圾,我们怎样让他们一看就明白放什么垃圾?

幼儿1:画出来。

幼儿2:可以把垃圾的照片贴上去。

教师:贴照片是一种办法,但是今天我们来试一试用绘画的方式区分。

2. 幼儿设计垃圾桶标志。

(1)介绍材料、合理分工。

(2)动手设计垃圾桶标志。

幼儿在设计标志过程中,有的剪字,有的绘画,一边做一边讨论着教室中经常会产生的不同种类垃圾的画法。

3. 做好垃圾桶标志后，玩“垃圾分类”小游戏。

游戏中遇到的问题：易拉罐是否要扔？铅笔头属于什么垃圾？

教师：易拉罐是可回收垃圾，那我们把它扔到可回收垃圾桶吧！

幼儿：可以，我来扔。

教师：你们舍得把它扔掉吗？

幼儿：咦，舍不得。我们还做美工呢！

教师：铅笔头是什么垃圾？

幼儿：有毒的。

教师：铅笔外面一层是木头做的没有毒，但是把铅笔芯和外面的木头黏在一起的黏合剂是有毒的，而且在最外面刷得油漆里有大量的铅。

幼儿：铅对身体不好，应该扔到有害垃圾桶里。

三、观看垃圾分类PPT，巩固相关知识

四、活动延伸

把垃圾分类的意思讲给爸爸妈妈听，回家和爸爸妈妈一起把垃圾进行正确的分类，并养成正确分类的好习惯。

◇活动分析

“垃圾分类知多少（大班）”产生于幼儿生活中出现的问题，通过对有关垃圾知识的了解及垃圾分类标志的设计与运用，解决了遇到的问题，并在实际使用时不断修正、巩固与完善。活动的内容符合幼儿兴趣，贴近幼儿的生活，将幼儿园的生活环境与社会生活环境有机结合，同时又具有一定挑战性，有利于幼儿动手动脑。活动形式避免了单纯的说教，而是以幼儿操作体验和游戏的形式开展，使得垃圾分类知识的获得具有可操作性，让幼儿在游戏中习得垃圾分类的知识。另外，以合作的形式设计垃圾桶，让幼儿在此活动中获得了社会性的发展，发展了合作能力。

案例三：游戏——“倾听树的心跳”①

◇游戏缘由

每一棵树都是活的，要吃、休息、呼吸，也要进行“血液循环”（就是树木中的体液流动），树的心跳是一首美妙的生命之歌，早春是倾听树的心跳的最佳季节，因为此时树木把大量的树液源源不断地输送到枝丫。

◇游戏方法

带领儿童走进树林，选一棵直径至少15cm并且树皮比较薄的落叶树，把听诊器紧紧贴在树干上，不要动，以免产生杂音。多试几个地方，找到最佳的聆听点，让儿童在倾听树的心跳的过程中感受生命的旋律是多么激动人心。

◇游戏分析

通过这个游戏幼儿会感受到人与树没有不可逾越的鸿沟，树与人一样有跳动的心灵。以游戏的形式让儿童与自然互动，到户外认识树木，感受树木是有生命的，培养儿童热爱大自然、同情万物生命，建立“天人合一”的情感。这种游戏的形式简单易行，为儿童所喜爱，在组织儿童认识大自然的过程中可以采用游戏的形式，吸引儿童的注意力。

案例四：去户外树林体验

◇活动目的

1. 在户外树林中，一定的时间内，幼儿能听到各种声音，能看到自然界的各种颜色。

2. 幼儿在活动中能发展观察能力、倾听能力，培养专注力，发展对大自然生物和生命的热爱，感悟自然的能力。

3. 培养幼儿对大自然生态环境的探索兴趣。

◇活动准备

社区的小树林或其他公园的小树林、画笔、统计表。

---

① 此游戏设计参照马桂新．环境教育学[M]．北京：生活·读书·新知三联书店，2003:258.

◇活动过程

一、做好活动前准备、带领幼儿去小树林

提出去小树林活动的两个挑战性的任务，第一是听一听声音，第二是找一找小树林中的颜色，并统计自己看到的颜色。

二、倾听小树林的声音

1. 教师带幼儿在树林中找一块空地坐下，让幼儿闭上眼睛侧耳倾听，辨别自己能听到多少种声音？要求：每听到一种声音就用一个手指计算，同样的声音无论听到多少次都按照一种声音计算，聆听的时间为一分钟。

2. 教师计时，幼儿倾听声音。

3. 分享幼儿听到的声音。

分享要求：先说听到了几种，再说听到了什么声音。

有风的声音、流水声、小鸟叫的声音、落叶声、唱歌的声音等。

三、找一找树林中的颜色

1. 幼儿分成三组，去找树林中的颜色，填写统计表，统计看到的颜色数量。

2. 小组用画笔画出看到的景色。

3. 每组分享交流看到的小树林中的颜色。

四、分享总结本次户外探索活动

◇活动分析

“去户外树林体验”活动以户外自然为载体，让儿童充分接触自然、体验自然，感受人与环境的和谐相处。通过听声音、观察颜色，充分发挥幼儿的专注能力，从而让其更加深刻和全面地欣赏和了解自然，调动了幼儿用不同的感官去感受自然，激发了幼儿探索大自然奥妙的兴趣。因此在设计体验活动时，可以给幼儿一定的挑战性和趣味性的任务，提高幼儿探索的兴趣，产生对自然万物的关爱之情。

【小结】

本章一共三节，节节层层递进。第一节主要介绍了学前儿童社会环境教育的定位及其影响因素，对学前儿童社会环境教育的内容进行了一定的阐述，并从学前儿童自身的因素，幼儿园、家庭、社区等影响学前儿童社会环境教育的因素进行分析。第二节论述了学前儿童社会环境教育的途径与方法，具体介绍了四种途径：在日常生活中渗透社会环境教育、开展专门的社会环境教育活动、开展专门的游戏活动、开展家园及社区教育；五种教育方法：参观体验法、情境体验法、行为练习法、讲解法、实践操作法。第三节是学前儿童社会环境教育活动的设计与指导，阐述了开展学前儿童社会环境教育活动的意义，提出了学前儿童社会环境教育活动设计注意事项并重点介绍了学前儿童社会环境教育活动设计几个范例，对每个范例进行了分析。

思考与练习

1. 请简述学前儿童社会环境教育的定位。
2. 影响学前儿童社会环境教育的因素有哪些？
3. 学前儿童社会环境教育的途径与方法主要有哪些？
4. 请简述学前儿童社会环境教育活动设计注意事项，可结合实例。

第7章

学前儿童归属感发展与活动指导

某大班幼儿每天早晨上学仍情绪低落，有时甚至眼里挂满泪珠，一到幼儿园门口便不肯进去。另一名幼儿生病了仍坚持要上幼儿园，妈妈说：“晚上做梦都在叫喊着要去幼儿园，一说病好了才能去他就哭。”

两种不同的行为反映了孩子对教师、班级及幼儿园的信任和依赖程度不同，即归属感不同，那么是什么原因导致了孩子缺乏归属感呢？归属感的不足又会对儿童造成怎样的影响呢？有没有什么办法来培养孩子的归属感呢？

【学习目标】

1. 了解学前儿童归属感的概念、发展特点、影响因素，知道培养儿童归属感的途径和方法。

2. 能够设计促进儿童归属感发展的活动，帮助幼儿建立良好的亲子依恋，通过入园适应、幼小衔接、大型活动、节日互动等帮助幼儿建立对班级、幼儿园、社会以及国家的归属感。

3. 能够与儿童建立尊重、信任、依赖的师幼关系，乐于并善于组织、参与幼儿归属感培养相关的教育活动。

【学习重难点】

1. 掌握学前儿童归属感的发展特点及影响因素。

2. 了解促进学前儿童归属感的途径和方法，能够设计促进儿童归属感发展的活动。

【知识结构图】

- **学前儿童归属感发展与活动指导**
  - 学前儿童归属感及影响因素
    - 学前儿童归属感
    - 归属感在儿童发展中的价值和意义
    - 世界各国儿童归属感的培养目标
    - 学前儿童归属感发展特点及影响因素
  - 学前儿童归属感发展的途径与方法
    - 儿童归属感培养的原则
    - 儿童归属感培养的途径
    - 儿童归属感培养的方法
  - 学前儿童归属感发展的活动设计与指导
    - 活动设计的思路要求
    - 活动案例
    - 案例分析

第一节
学前儿童归属感发展及影响因素

美国著名心理学家马斯洛认为，结群、加入集体与有所归属是人和动物的本能，其“需要层次理论”指出，“归属与爱的需要”是“个体希望从属于一定的群体，人们相互和睦，得到他人的同情和爱”①，在生理需要及安全需要获得满足后，个体所发展的第一个社会性需要。寻找归属感是人类的基本动机，人们在生活过程中的一个基本需要就是建立使自己有所归属的社会关系。

一、学前儿童归属感

（一）概念界定

对于归属、归属感的理解与界定，研究和界定的视角尽管有所侧重，但是基本都是从心理学和社会学两个方面来描述的。

对于“归属”的释义，《新华词典》中界定为：属于；归于；划定从属关系。《简明心理学百科全书》解释为：人希望归属于某一团体，成为其中的一员；希望有知心朋友，和同事保持友好的关系；渴望得到爱并把爱给予别人。

对于归属感的界定，《社会心理学词典》解释为：个体将自己归属于某一团体，并对其产生亲切、自豪的情绪体验。②《张氏心理学辞典》解释为：隶属感，归属感，隶属。①指个人自觉被别人或团体认可与接纳时的一种感受。

① 俞国良.当代青少年心理与教育大辞典[M].太原:山西人民出版社,2000:14.

② 时蓉华.社会心理学词典[M].成都:四川人民出版社,1988:187.

②指个人的态度或意见与团体规范一致时的一种感受。③桑代克(E.L.Thomdike)的理论,某一个体(人或物)在性质上与其他个体属于一类,经集合之后可成为一整体时,称为隶属。④弗洛姆(E.Fromm)理论中,意指心理上的安全感与落实感。[①]

对幼儿而言,归属感就是让幼儿感觉到自己是家庭、集体和幼儿园的重要一员,被他人接受、被他人认为有价值以及与他人成为一个整体的一种情感,是对自己所处群体在思想上、感情上和心理上的认同与投入,愿意承担作为集体一员的各项责任和义务以及乐于参与集体活动。[②]幼儿的归属感需要,是指幼儿对同伴、教师及所在班集体的需要,是幼儿希望自己被同伴、被教师认同和接纳的一种心理需要。[③]

(二)归属感与安全感、依恋的关系

安全感是人与人进行交往,建立信任关系的前提,是儿童乐于交往的保证,决定儿童对群体的归属感。一般而言,当儿童拥有了安全感,他就敢接近别人,与人交往,并建立信任关系,从而建立与同伴及群体的归属感,反之,他就不愿与人交往。如果在交往过程中安全感遭到了破坏,原来的交往意愿也会遭到破坏。马斯洛的需要层次理论提出人在满足了生理和安全需要后,就会产生归属的需要,归属的满足取决于儿童能否在群体中体验到安全感,如果有安全感,他就乐于参与群体,否则就封闭自己。

依恋(attachment)是指某一个体对另一特定个体长久持续的情感联结。在发展心理学中,依恋特指儿童与成人(父母或其他看护人)之间形成的强烈情感联结。早期安全的依恋关系有利于儿童身心的健康发展以及社会化顺利进行,并直接影响到个体成长过程中的人际完善。安全的亲子依恋是幼儿归属感建立的前提,当幼儿与父母形成安全的亲子依恋,那么在与陌生人和环境接触的过程中不至于产生回避、退缩等行为,能够逐渐适应新的社会和人际环境。反之,则容易产生对抗、攻击等反社会行为。

---

① 张春兴.张氏心理学辞典[M].上海:上海辞书出版社,1992:83-84.

② 张明红.幼儿社会教育与活动指导[M].上海:华东师范大学出版社,2015:107.

③ 莫秋媛.幼儿的归属需要与心理卫生[J].教育导刊,2007(2).

二、归属感在儿童发展中的价值和意义

心理学研究表明，孩子害怕孤独和寂寞，希望自己归属于一个或多个群体，这样可以从中得到温暖，从而消除或减少孤独和寂寞感。[①]对个体来说，进入幼儿园，正是生理需要与安全需要得到满足，归属需要凸显的关键时期，归属感对幼儿幸福感的获得与社会化发展极为重要。

归属感使人产生隶属于群体、与群体休戚相关的感觉，使个体感到安全、快乐。归属缺失会产生抑郁、悲伤等消极的情绪体验，导致孤独感、心理疾病，甚至出现自杀行为。[②]

归属感的满足对自我接纳、自我控制和责任感有积极的影响。Prager 和 Buhrmester（1998）的研究发现，归属和爱的满足与生活满意度之间具有很高的相关度。[③]Anderman 发现学校归属感与积极情感（如乐观）、学业成就、自我概念有显著的正相关，与消极情感（抑郁、被排斥感）呈显著的负相关。

一般来说归属感强的人往往具有主人翁意识和责任感，能自觉接受和遵守群体规则，会自动将个人与群体联系在一起，为自己作为群体的一员感到自豪并愿与之共荣辱。[④]

儿童期归属感得到满足会产生对集体目标的认同和被接纳的情感。归属感的需要，随着幼儿社会化的进程，在幼儿情感生活中占有越来越重要的地位。

大量研究结果显示，儿童归属感的建立一方面与其心理健康水平的提升[⑤]、学习动机的激发[⑥]、不良行为的遏制[⑦]等存在正相关，另一方面对儿童适应班级、学校[⑧]及与之良性互动[⑨]影响亘大。

---

① 张盛林.好妈妈要掌握的心理学——谁的孩子将会一鸣惊人[M].北京:外文出版社,2010:211.

② Newman B.M., Lohman.B.J., Newman P.R. Peer group membership and a sense of belonging: their relationship to adolescent behavior problems[J]. Adolescence,2007.

③ 曾守锤.流动儿童的幸福感研究[J].中国青年研究,2008,(9):37－41.

④ 李季湄,冯晓霞.《3～6岁儿童学习与发展指南》解读[M].北京:人民教育出版社,2017:93.

⑤ 陈红.高职院校学生学校归属感、社会支持与主观幸福感的关系研究[D].重庆:重庆师范大学,2011.

⑥ Gonzalez R.,Padilla A M. The academic resilience of Mexican American high school students [J].Hispanic J Behav Sci,1997,19(3),301－317.

⑦ 汤寅.班级归属感对初中生欺负行为的影响分析[J].科技信息,2010(8).

⑧ 包克冰,李卉,徐琴美.中学生学校归属感及其与自我概念的关系研究[J].教育科学研究,2006(1).

⑨ 朱之侃.幼儿园班级管理中幼儿归感的建立[J].学前教育,2010(10).

三、世界各国儿童归属感的培养目标

归属感是世界学前教育发展的要求,对儿童身心健康发展、适应社会具有重要作用。新西兰、加拿大、爱尔兰、澳大利亚明确把“归属感的培养”纳入学前教育课程体系及幼儿发展目标体系中。2012年,我国颁定的《指南》在社会领域首次明确提出幼儿要“具备初步的归属感”这一“学习与发展目标”,并提出有效帮助幼儿建立初步归属感的“教育建议”。

(一)新西兰关于学前儿童归属感培养的目标

1996年,新西兰教育部颁定的《编席子:学前课程》(The Whariki : Early Childhood Curriculum)中将“归属”作为五大学习发展领域之一,并提出其基本目标为:“儿童和家庭以及更大范围的外部世界的联系得以确认并不断拓展;儿童知道有属于自己的一个地方,对日常生活和常规事情感到舒适;知道哪些是被许可的行为。”①

(二)加拿大关于学前儿童归属感培养的目标

2008年,加拿大健康部和儿童与家庭部颁定了《早期学习框架》(Early Learning Framework),将“幸福健康与归属”(Well-Being and Belonging)作为四大学习领域之一,并提出了学习目标和不同年龄阶段需要解决的问题是什么。具体为:感受到安全和被尊重;学习保持自己健康的方式,包括食物、睡眠和运动;对自己自信,能够控制自己;理解并遵守规则;感受到安全感、自我尊重和自我约束;表达出个人主观幸福感;识别、接受和表达一系列情绪、想法和观点;体验并适应生活中的变化、惊奇和不确定性;探索并喜爱自己学习的方式和策略;与成人和同伴建立良好关系。

(三)爱尔兰关于学前儿童归属感培养的目标

2009年,爱尔兰全国课程与评估委员会颁定的《学习之旅:学前课程框架》(Aistear : the Early Childhood Curriculum Framework)中明确提出将“认同与归属”作为儿童四大学习领域之一,并提出了具体的学习目标。儿童有强烈的自我认同意识,在他们自己的生活中是一个独立个体并被尊重;儿童认可

① 李召存.追寻课程政策背后的教育意义:基于学前课程纲要的国际比较研究[M].上海:华东师范大学出版社,2012:53-54.

他们所属家庭和社区团体并形成团体认同感；儿童能够表达自己的权利，并显示出对他人身份、权利的尊重；将自己视为有能力的学习者。

（四）我国关于3～6岁儿童归属感培养的目标

2012年我国颁定的《指南》在社会领域首次明确提出儿童要“具备初步的归属感”，并提出了其不同年龄阶段幼儿归属感的发展性目标。①

表7-1-1　3～6岁幼儿归属感的发展性目标

3～4岁	4～5岁	5～6岁
（1）知道和自己一起生活的家庭成员及与自己的关系，体会到自己是家庭的一员 （2）能感受到家庭生活的温暖，爱父母，亲近与信赖长辈 （3）能说出自己家所在街道、小区（乡镇、村）的名称 （4）认识国旗，知道国歌	（1）喜欢自己所在的幼儿和班级，积极参加集体活动 （2）能说出自己家所在地的省、市、县（区）名称，知道当地有代表性的物产或景观 （3）知道自己是中国人 （4）奏国歌、升国旗时能自动站好	（1）愿意为集体做事，为集体的成绩感到高兴 （2）能感受到家乡的发展变化并为此感到高兴 （3）知道自己的民族，知道中国是一个多民族的大家庭，各民族之间要互相尊重，团结友爱 （4）知道国家一些重大成就，爱祖国，为自己是中国人感到自豪

由上可见，幼儿归属感的培养已为各国所重视，纷纷纳入学前教育课程体系及儿童培养目标中。从内涵上看，归属感表现出相适应的尊重、信任、安全、自主、自信、规则、自我认同、自我约束等行为。从外延上看，归属感的发展包括对家庭、社区及祖国的认识、了解、热爱、认同与贡献。

四、学前儿童归属感发展特点及影响因素

归属感属于儿童社会性发展的重要内容，学前儿童归属感的形成与发展有其自身的特点和规律。

（一）归属感的形成是一个由近及远的过程

美国著名的心理学家尤·布朗芬布伦纳提出“发展是人与环境的复合函

① 中华人民共和国教育部.3—6岁儿童学习与发展指南[M].北京：首都师范大学出版社，2012:39.

数”，阐释了环境与儿童发展的关系。把幼儿生长的环境分为微观、中观、宏观三个层次。[①]

首先，儿童亲自接触并参与体验的微观环境，是儿童期归属感获得的主要环境，如家庭和幼儿园的班级环境等。儿童感受到家庭生活的温暖，能知道自己与家庭成员的关系，然后喜欢自己所在的班级和幼儿园，能够积极参加集体活动。

其次，儿童生活的社区是归属感获得的中观空间环境，包括：父母的工作单位、父母的朋友、学校独有的特色以及当地社区教育发展状况等。中观环境对儿童的发展虽然不起直接作用，但儿童在与社区中的人、事、物产生互动中，能够形成对社区及所生活的家乡的归属感。

最后，儿童生活的大社会及其意识形态背景属于归属感形成的宏观环境，如社会的多元价值观念、道德规范、民族的风俗习惯以及人们的生活方式等。它规定如何对待儿童，教给儿童什么以及儿童应该努力的目标，对儿童的社会性发展产生影响并为儿童的发展提供保证，从而使儿童能够形成对自己的民族和国家的归属感。

（二）归属感的获得是从熟悉到陌生的路径发展

发展心理学研究表明，儿童从小在家庭中得到父母更多的关爱和照顾，体验到更多的来自于家庭成员的认可和需要，体会到自己是家庭的一员，感受到家庭的温暖，就会对家庭形成积极的归属感，当儿童对父母形成积极的情感依恋，处于陌生环境或者遇到陌生人会主动寻求父母的支持和帮助，同时能够主动探索环境，比较容易适应新环境。相反，如果幼儿没有形成对家庭良好的归属感，则很难与父母产生良好的情感联结，进而导致压抑自己的需求，产生自卑心理，并伴随一定的不良行为如咬指甲、吃手等，甚至会转向其他途径寻求情感的发泄，如看电视、玩游戏等，同时还伴随出现焦虑、愤怒等消极情绪。[②]

进入幼儿园，正是幼儿归属感需要凸显的关键时期，对幼儿幸福感的获得和社会化具有重要意义。幼儿的归属感需求表现为主动帮教师和同伴做

① 于冬青，韩蕊．儿童期归属感发展的特点及适宜性教育[J]．东北师大学报(哲学社会科学版)，2014(2):162–165.
② 刘晶波，等．幼儿园社会领域教育精要——关键经验与活动指导[M]．北京：教育科学出版社，2015:44.

事，希望被老师、同伴所接纳，如希望参与班集体活动，被教师所关注，能够和同伴一起游戏等。幼儿的主张、能力、贡献如果能够得到教师和同伴的接纳与认同，那么对所在班集体会产生一种强烈的归属感。相反，如果无法体验到教师和同伴的接纳和认同，则会表现出压抑、不安、自卑等不良情绪，产生孤独感，也无法从幼儿园的学习和生活以及与同伴的交往中获得乐趣。

（三）儿童归属感的发展具有年龄特征

儿童归属感的发展具有典型的年龄特点，在不同的年龄阶段儿童归属感的发展具有不同的指向性。[①]

小班幼儿的归属感，主要是对家庭的依恋，亲近和信赖长辈，刚入园都将在一段时间内面临一个新环境的分离焦虑期。进入幼儿园，他们逐渐把依恋对象从父母转移到老师和同伴身上。此时，幼儿依恋行为开始转为寻求老师和同伴的注意与赞许，尤其是对教师的依恋情感逐渐产生。

中班幼儿主要是对幼儿园和集体的归属感。表现出喜欢自己所在的幼儿园和班级，为自己是班级的一员而感到高兴，也十分愿意参加集体活动，比较关心所在班级和小组是否获得荣誉。开始了解和知道自己居住地周围的环境和标志性建筑，意识并且知道自己是中国人，认识国旗，会跟唱国歌。

大班幼儿的归属感是对集体和对国家民族的归属感，比中班幼儿表现出更多的自觉性和自主性。这一阶段的儿童的归属感与其集体荣誉感和责任心密切相关，愿意承担集体的责任和义务，为了集体的荣誉竭尽全力、加油呐喊，非常在意竞赛的成绩。喜欢听教师和家长介绍社会热点新闻、家乡的变化及祖国取得的重大成就。知道汉族和主要少数民族的风俗习惯和民族文化，为自己是中国人而自豪。

（四）儿童自我概念的建立、人际交往中的接纳意识以及班集体的凝聚力等是影响其归属感的重要因素[②]

自我概念是指个体对自己的知觉，表达的是人们关于自己身心特点的主观知识，所回答的是“我是谁”的问题[③]。儿童自我概念的建立是儿童归属感

① 张明红．幼儿社会教育与活动指导[M]．上海：华东师范大学出版社，2015:108-112.
② 于冬青，韩蕊．儿童期归属感发展的特点及适宜性教育[J]．东北师大学报（哲学社会科学版），2014(2):162-165.
③ 张文新．儿童社会性发展[M]．北京：北京师范大学出版社，1999:382.

发展的内部心理导向。对儿童来说,形成积极的自我概念能够正确地认识与评价自己,可以使之与他人和环境之间形成更好的联系,愿意与人交往并积极参加集体活动,且更容易融入到集体生活当中去,从而更益于归属感的发展。

人际交往和良好的班集体意识是归属感发展的外部环境。其中,人际交往包括儿童和教师、儿童与儿童之间的交往,儿童在与之建立积极互动、和谐融洽的关系,进而得到老师和同伴的肯定和认同,有助于儿童归属感的建立。班集体是儿童和教师、同伴间互动的团体,良好的班级氛围是归属感发展的载体,有凝聚力、团结、融洽的班集体对归属感的获得与发展具有重要影响。

第二节 学前儿童归属感发展的途径与方法

《指南》指出："幼儿的社会性主要是在日常生活和游戏中通过观察和模仿潜移默化地发展起来的，家庭、幼儿园和社会应共同努力，为幼儿创设温暖、关爱、平等的家庭和集体生活氛围，建立良好的亲子关系、师生关系和同伴关系，让幼儿在积极健康的人际关系中获得安全感和信任感，发展自信和自尊，在良好的社会环境及文化的熏陶中，学会遵守规则，形成基本的认同感和归属感。"儿童归属感的形成与发展有其自身特点和规律，如渗透性、随机性、长期性、生成性等特点。因此，儿童归属感的培养必须遵循一定的原则，通过必要的途径以及有效的方法才能实现，否则可能会事倍功半、前功尽弃。

一、儿童归属感培养的原则

教育原则是指导教育活动有效进行的指导性原理和行为准则，它对活动的内容、方法、手段和形式等的选择有着积极而重要的作用。西南大学谢露露在其硕士论文中对儿童班级归属感的培养原则有较为系统、科学地论述，具体如下。[①]

（一）主体性原则

幼儿是活动的主体，幼儿归属感培养活动目标要指向幼儿知、情、意、行的发展，活动内容需密切联系幼儿生活，活动过程强调幼儿的参与，活动评价

① 谢露露.大班幼儿班级归属感培养的行动研究[D].重庆:西南大学,2014:31-32.

指向幼儿归属感的提升。教师是活动的主导，要营造自由而安全的活动氛围，构建平等的师幼关系，鼓励幼儿主动参与活动，并给予适宜的示范与指导，为幼儿组织培养归属感的活动。

（二）融合教育性原则

幼儿归属感的培养不是单一活动一蹴而就的，而是各种途径和方法的有机整合。主要表现在：游戏、故事、录像、绘画、表演等多种形式融合，日常生活与专门教育活动相结合，集体教育与个别教育相融合。

（三）个体差异性原则

由于遗传因素不同、家庭环境差异、幼儿园教育不一等众多因素的影响，幼儿之间存在基础性差异和活动性差异。基础性差异是指生理、心理差异，如有的幼儿在归属感行为维度如集体活动参与度上比较敏感，而有的幼儿在归属感情感维度上如对教师、同伴的情感体验更为细腻。活动性差异是指达到培养目标的时间、程度、方式等存在个体差异。

（四）活动内化原则

活动内化原则是指幼儿归属感的建立离不开外界丰富的环境刺激，也离不开个体积极的活动，通过活动，幼儿才能不断锻炼与实践班级归属感基础上的相关心理品质，在产生与班级归属感要求相联系的情感体验的基础上，形成对班集体较为稳定的情感态度，从而内化为个体的心理品质与过程。由此可见，活动是班级归属感建立的桥梁与中介，内化是幼儿班级归属感建立的表现。

二、儿童归属感培养的途径

儿童有着强烈的归属需求，这种需求在个体四、五岁时已经很明显，而且，随着儿童社会化的进程，其在儿童的情感生活中占有越来越重要的地位。因此，通过家庭、班级、幼儿园及社会的共同努力，多渠道帮助幼儿培养归属感显得尤为重要。

（一）建立安全的亲子依恋，帮助幼儿形成对家庭的依赖感和归属感

最初的抚养者是婴儿的安全基地，在他那可以探索和认识世界。母亲的轻音柔抚、软绵绵的床褥等给他提供信心、舒适、安全，婴儿有充分的时间和心思，对自己和周围的生活做出观察和体会。

他们从经验中逐渐体会出，可以直接或间接地运用、甚至控制许多东西，使它服从并满足自己的需求，如静静地躺在床上，大叫一声便可把母亲唤来；自己弄湿尿布，大哭一场，母亲就给换上软绵绵的一件。如果婴儿每次努力，都带来预期的后果，他的信心自然会增加，安全感也得到巩固。

幼儿如果在家庭中与父母建立了稳固的依恋关系，能给他们带来愉悦、安全等感觉，帮助他们在陌生的环境中消除紧张、惧怕与焦虑的情感，更好地与外界交往，适应环境，为将来良好的人际关系的建立打下基础。

（二）做好新生的入园适应，帮助幼儿实现家庭向幼儿园的安全过渡

新生入园是儿童从家庭走向社会的第一步，儿童从熟悉的家庭环境来到幼儿园，见到从来没有见过的老师和同伴，能否与之建立亲密友好的关系，建立对班级和幼儿园的归属感，很大程度上影响其以后的社会适应。

为此，首先，在开学之前，幼儿园应该组织一次新生家长会，向家长介绍幼儿园的办园理念、管理理念、教师队伍情况，幼儿在园的生活和学习情况，引导家长树立科学的儿童观、发展观和教育观，以便家长的有效配合。其次，班级教师要开展家访工作，全面了解幼儿的家庭教养情况、与家庭成员之间的关系，生活及行为习惯，以便入园之后能够根据孩子的个体差异提出个性化的要求和指导，在幼儿已有的经验水平上、在孩子的亮点基础上引导幼儿逐渐适应班级及幼儿园的生活。再次，在正式开学之前，安排一周左右时间，允许家长带着孩子参观幼儿园环境，了解幼儿园的一日生活安排，并且通过让幼儿和家长一起参与环境布置、组织如“我爱我家”“大手拉小手”等活动逐渐熟悉老师和同伴，以减轻入园焦虑。

（三）日常生活中潜移默化地帮助幼儿形成符合班级约定的行为规范

班级作为幼儿成长的重要环境，是幼儿生活、学习的重要场所，幼儿往往对班级有着强烈的归属需要，希望得到教师与同伴的关心、接纳与认可。通过与教师、同伴发生互动，幼儿班级成员角色意识得到发展，对班级、教师与同伴的情感体验不断深化，通过主动参与集体活动、遵守规则等逐步强化与迁移，最终幼儿班级归属感水平得以提升。

幼儿的生活即学习，在一日生活中的渗透教育、训练与幼儿班级归属感相关的行为习惯，包括遵守规则的习惯、交往的习惯以及良好的个性心理品质等。观察与模仿是幼儿学习的重要方式，教师作为对幼儿影响较大的成人应注意言传身教，如果教师能够用积极态度对待所在班级，必定会潜移默化地影响幼儿也会形成同样的态度。此外，注意发挥幼儿活动的主体性，让幼儿通过讨论，用自己和同伴看得懂的图示、文字建立区域活动规则；让幼儿自主决定区域活动或游戏的玩伴、玩法及进程、结果；发生矛盾时，请幼儿讨论解决的办法，而不是成人的道德说教。

（四）教育活动的强化巩固，帮助幼儿加强对班级、幼儿园及家庭、社区等的归属感

通过母亲节、教师节、重阳节、国庆节等主题教育活动，进行爱父母、爱老师、爱老人、爱祖国的教育，通过向亲朋好友、教师献上自己设计的贺卡，帮助成人做一些力所能及的事，使儿童从小懂得爱别人，爱那些值得爱的人，长大了才能有为人民奉献的精神。

通过春节、端午节、中秋节等活动，让幼儿了解中国传统文化及民俗习惯，了解中国传统节日的寓意，建立与家人和社会、国家的认同感、归属感和自豪感。

通过日常竞赛性活动，如生活自理能力比赛、运动会、故事大王比赛等，让幼儿懂得个人与集体的关系，激发幼儿集体荣誉感。

（五）家园社区的合作共育，帮助幼儿延伸对社会和国家的归属感

儿童归属感的形成和发展不是单一的家庭或者幼儿园可以实现的，而是家、园、社会合作共育的结果。入园适应是家园合作共育的结果，幼儿园很多主题教育活动也需要社区、社会的支持和配合。如在“我是中国娃”主题活动中，可以通过游记等方式了解祖国大好河山、风土人情，通过参观博物馆等了解中国人民的智慧，通过看望抗战老兵建立对前辈们的尊敬爱戴之情等。

三、儿童归属感培养的方法

儿童归属感的发展是从亲子依恋发展到对班级和幼儿的归属感，进而延伸到对国家和民族的归属感，在儿童归属感的培养过程中，具体可以用以下方法。

（一）榜样示范法

社会学习理论代表人物班杜拉认为，通过对榜样行为的观察和模仿来学习是幼儿习得社会行为的重要途径。[①]教师通过描述某位幼儿的分享、合作、助人等行为，并且给予口头表扬和拥抱来说明这种行为是好的，是被同伴和教师所接受的，以此引发其他幼儿的模仿和学习，进而有助于班级归属感的形成。

（二）环境熏陶法

环境熏陶法是指利用环境条件、生活氛围和教师本身的言行举止，对幼儿进行积极感化、熏陶，潜移默化地影响幼儿社会态度和行为的方法。[②]

干净整洁、温馨温暖、充满童趣的园所和班级环境，可以培养幼儿对幼儿园和班级的归属感。和蔼可亲、充满爱心的教师使幼儿觉得自己处在安全和被接纳的氛围中。标识清晰、规则分明的区域设计使幼儿体验遵守规则给自己带来的自由。同时，为幼儿设置舒适又具有一定隐秘度的私密空间，也可以为幼儿提供一个暂时从集体生活的压力中释放自己的去处。最后，要求明确、张弛有度的一日安排，不仅能够使幼儿对即将发生的事情做充分的准备，也为活动顺利开展奠定了基础。

---

① 周梅林．学前儿童社会教育活动指导[M]．上海：复旦大学出版社，2009:59.

② 刘晶波，等．幼儿园社会领域教育精要——关键经验与活动指导[M]．北京：教育科学出版社，2015:174.

（三）角色扮演法

角色扮演法是指模仿现实生活中的某种情境，让幼儿扮演其中的社会角色，使儿童表现出与该角色一致的、符合角色规范的社会行为。①如通过娃娃家活动，学会关心和照顾他人；通过值日、区域活动监督员等活动，建立对班级的责任感；通过医院、超市、餐厅、家庭等角色游戏，体验不同社会职业的价值和作用，建立职业认同感。

（四）情境讨论法

情境讨论法是指在教师提供或创设一种或多种社会情境，启发和组织儿童对情境中所出现的问题与现象，大胆发表自己的看法，并与教师和同伴互相交换观点和认识的一种教育方法。②创设宽松、自由的交谈氛围，运用开放式提问拓展讨论的深度，最后要阐明正确的观点和认识。如，“当几个小朋友都想玩一个玩具的时候，你会怎么办？”“当一个区域中人数够了，你会怎么办？”“母亲节到了，你想送妈妈什么礼物？想对她说些什么？”“运动会到了，我们该给班级起个什么口号？”

（五）共情体验法

人本主义创始卡尔罗杰斯指出，设身处地地站在他人的立场上，分享和理解他人的感情，这是一种积极的社会性情绪和情感。③如当老师和同伴表现出失落、沮丧等情绪时，能够表现出关心、提供安慰；当小朋友获得表扬、奖励了，能够为他感到高兴。

（六）参观法

参观法是指教师有目的、有计划、有组织地带领学前儿童观察某一综合性的社会设施和机构，促使他们加深对这些设施和机构的了解，丰富他们的知识经验，并使他们获得某些社会技能的方法。④如通过参观博物馆了解中华民族优秀的传统文化及人民的智慧，培养民族自豪感和自信心；通过参观消防队、警察局等感受被保护，建立职业认同感和社会归属感。

---

① 张明红．幼儿社会教育与活动指导[M]．上海：华东师范大学出版社，2015:31.

② 张明红．幼儿社会教育与活动指导[M]．上海：华东师范大学出版社，2015:28.

③ 刘晶波，等．幼儿园社会领域教育精要——关键经验与活动指导[M]．北京：教育科学出版社，2015:175.

④ 甘剑梅．学前儿童社会教育[M]．北京：中央广播电视大学出版社，2007:94.

第三节 学前儿童归属感发展的活动设计与指导

《纲要》指出，幼儿园教育活动是教师以多种形式有目的、有计划地引导幼儿生动、活泼、主动活动的教育过程。与日常生活活动、游戏活动、参观、节日活动等相比，教师有组织、有计划地组织和实施的教育活动更有针对性、实效性及操作性。

一、活动设计的思路要求

归属感的培养属于社会领域的发展内容，幼儿社会领域教育的教学形式多样，主要包括集体教学活动、主题教学活动及区域教学活动等，这些活动是需要教师事先设计的，所以对于幼儿社会教育，教师应该掌握这些活动的设计方法，做好活动的准备，在不同活动实施的过程中教师还需要掌握指导策略进行适宜的指导，促进教学目标的达成。

（一）活动目标设计

活动目标是指活动中教师预期达到的结果和标准，确定活动目标是活动设计重要的一环，它的恰当与否，将对整个活动设计产生决定性的影响，包括影响活动设计的方向、范围和程度，它是教师组织活动的方向，其实现程度是判断活动效果的直接依据。确定活动目标应遵循以下原则①。

（1）目标的制定要符合幼儿的年龄特点和已有发展水平、经验和需要。

① 裘指挥.幼儿社会教育与活动指导[M].北京:高等教育出版社,2014:19-20.

(2)确定的目标，要稍高于幼儿的已有水平，促进幼儿的发展。

(3)具体的活动目标要与月目标、学期目标、幼儿发展水平目标、幼儿教育总目标相一致。由浅入深、循序渐进地提出各项目标。

(4)目标包括认知、情感态度和能力等方面的内容。

(5)要注意目标的弹性与适应性，注意活动目标的生成性。

(二)活动内容设计

活动内容是为实现活动目标而选择的活动主题、材料，是活动目标实现的重要载体。活动内容的选择应遵循以下原则①。

(1)围绕目标选择活动内容。

(2)根据幼儿年龄特点和本地区实际情况选择内容。

(3)了解幼儿已有的经验，选择有针对性的能产生新经验的内容。

(4)选择健康的、有益于幼儿身心发展的内容。

(5)既贴近幼儿的生活选择幼儿感兴趣的事物和问题，又有助于拓展幼儿的视野和经验。

(三)活动准备设计

活动准备是实现活动目标和活动内容的载体。应围绕目标和教育内容，并充分考虑到幼儿年龄特点和生活经验，创设相应的学习环境，并且准备应充分，要满足全体幼儿操作和探索的需要，活动准备包括物质材料的准备和生活经验的准备。

经验准备可以通过直接经验和间接经验两种途径来实现，如在国庆节主题活动中，关于本地名胜古迹、风土人情的经验可以通过幼儿园组织的活动或家长带领幼儿参与社会活动来实现，而关于各民族的服饰、饮食、风俗等的经验可以通过阅读书籍、查阅电脑、观看相关影视资料来获得。

材料准备包括实物、图片、视频、音乐、体育器械、绘本、探究工具材料、绘画和手工材料盒工具、乐器服装、头饰等，材料是幼儿在活动中实现亲自体验、动手操作、直接感知的重要载体。如在母亲节活动中，孩子通过制作礼物、卡片等方式表达对母亲的喜爱和感激之情。

环境准备有时也很重要。如在小班阶段创设娃娃家，让幼儿从家里自带

① 裘指挥.幼儿社会教育与活动指导[M].北京:高等教育出版社,2014:19–20.

自己熟悉的玩具、公仔布置环境，墙面张贴全家福，给幼儿温馨、熟悉、安全的感觉，建立对班级的依赖感。在端午节、重阳节、国庆节等主题活动中，通过主题墙的创设，让幼儿感受节日的氛围、了解节日的意义及庆祝方式。

（四）活动过程设计

活动过程是依据一定的教育目标，选择一定的教育内容和方式，对幼儿进行教育影响的方案。活动过程的设计要注意以下问题。

（1）导入部分：创设导入情境，运用材料、故事、谜语、与幼儿生活经验相关的话题、试听材料等，引发幼儿参与活动的兴趣。

（2）活动部分：活动结构清晰连贯，具有逻辑性；以游戏为主，活动方式多样化；提供更多的操作探索、交流合作、表达表现的机会，支持和促进幼儿主动学习。

（3）结束部分：能够验证幼儿学习、经验的习得，并有所提升。

（五）活动延伸设计

教师设计一些与活动相关的辅助活动，使教育内容渗透到一日生活中，幼儿受教育的时间够持续，使教育目的能够更好地实现。活动延伸的形式，可以是家园共育领域、渗透环境、创设区角活动、游戏等。

二、活动案例

（最好能找到电子图书，根据需要选择性使用）

主题活动：我是中国娃[①]

1.主题概述

传统文化积淀着人民群众的生活智慧，是中华民族强盛不息的内在基因。

进入这个主题的有趣学习情境，幼儿会直观地了解独特的汉字，夸张而又充满象征意味的京剧脸谱；领略青花瓷的清秀典雅，水墨画浓淡相宜的天然神韵；在丰富多彩的民族歌舞中，切身体验各民族的生活习俗和文化艺术

① 章红，孙浣敏，徐蓓珍，等．幼儿园建构式课程（第二版）[M]．上海：华东师范大学出版社，2013:58-67.

特点，感受各民族在大家庭中和谐相处的快乐；在民间故事一波三折的情节中，他们会领悟劳动人民应对社会矛盾和自然灾害的机智勇敢……

历代民众创造了中国文化，这种文化又决定性地影响着一代又一代中国人的成长，通过主题活动，每一个孩子都会为自己是一个中国娃而自豪。

2. 环境创设

结合幼儿收集的图片、实物资料，师幼共同讨论环境布置的形式、位置、所需材料等，如可以分别张贴“有趣的汉字”“青花瓷”等图片，布置“祖国特产展”“民族服饰展”。随着活动的开展，环境不断丰富、变化，孩子们的创造力会不断提高，热爱祖国的情感会不断地积淀。

在活动室内挂一幅中国地图和世界地图，让幼儿了解有关中国的地理位置、中国之最等有关情况，扩大幼儿的视野。

鼓励幼儿将收集的名胜古迹的图片、自己游览的城市的照片、各自画好的作品合理的组合布置。

3. 家园共育

有意识地通过看电视、上网等形式，让孩子欣赏、了解祖国各地的土特产、各民族的服饰特征、习俗文化，向孩子介绍有代表性的外国风土人情与节日。

带领孩子共同品尝和制作1~2种不同国家的食品，如沙拉、汉堡包、三明治等；共同制作和品尝1~2种不同民族的小吃，如羊肉串、馄饨、牛肉、奶茶等，体验各国、各民族的饮食文化。

收集不同国家人们日常生活的图片、祖国自然风光的图片和书籍，首都北京的照片和录像片，与孩子们一起欣赏，并回答孩子的问题。

利用书报、网络、参观展览和博物馆等方式，扩展孩子对中国过去和现在的了解，萌发热爱祖国的情感。

家长应积极参与幼儿园组织的“民族大联欢活动”。

4. 区域活动

（1）语言区。

提供象形文字卡片、本班幼儿认识的汉字卡片和相对应的图画卡片，供幼儿自由认读交流。

汉字转盘，制作一个三个层面的转盘，表示同一个事物的图画、古代象形字、常见汉字分别贴在不同层面上，从上层到下层，一层比一层大。转动转盘可以使三者对应。

阅读幼儿活动材料第27~30页的《聪明的阿凡提》，第31~36页的《木屐咯叽叽》，进一步熟悉故事内容，理解故事主题。

（2）表演区。

提供各种京剧脸谱和京剧唱段录音带，引导幼儿模仿、哼唱一些经典的京剧唱段。

提供家乡地方戏曲的图片和唱段录音，供幼儿欣赏。

提供《中国功夫》的音乐，鼓励幼儿和同伴一起创编，用身体动作表现出中国功夫雄壮有力的气概。

提供各民族的代表性音乐、相应服饰、器乐，供幼儿自由欣赏表演，了解具有各民族特色的乐器或物品，如马头琴、手鼓、哈达等，感受各民族音乐的特征、风格。

（3）建构区。

提供石拱桥、天安门、长城和本地区的名胜古迹及家乡的建筑图片，引导幼儿用积木、积塑和沙土等进行搭建。

（4）美工区。

纸绳贴画。提供各种颜色的绉纸，供幼儿搓制纸绳，然后在画好的天安门、太阳等的图案的轮廓线上粘贴成富有立体感的画。

①青花瓷盘。

材料准备：一次性纸盘，彩色水彩笔。

指导要点：用好看的花纹，有规律地装饰纸盘的边缘；纸盘中间可画山水风光、亭台楼阁等主题内容。

②国宝熊猫。

材料准备：玩具熊猫一个；宣纸或毛边纸（吸水性强）、旧报纸、毛笔、墨水、瓷碗、抹布等。

指导要点：观察熊猫的外形特征，头、眼、耳、身体、腿、尾；引导幼儿用毛笔蘸足淡墨，用中锋画头、身体轮廓，再用笔尖蘸足浓墨，画眼圈、耳等部位；

鼓励幼儿画出熊猫动态；引导幼儿添画熊猫爱吃的竹子。

③月亮船。

材料准备：幼儿活动材料《纸工》第4页，剪刀、糨糊。

指导要点：观察幼儿能否按要求完成剪、折、粘的任务；鼓励幼儿在完成作品后，手持“月亮船”给同伴讲述故事；建议幼儿把作品带回家，给家人讲述故事。

（5）数学区。

①城市之间。

目的：学习用回形针、水彩笔帽、牙签等测量距离。

材料准备：中国地图（粘贴于墙上），回形针、废弃的水彩笔帽、牙签等放于小筐内，直尺，记录纸（上面标注两个城市的名称）。

操作方法：根据记录纸，从地图上找出相应的两个城市，如“杭州”和“北京”，用直尺在地图上将两个城市直线连接；选择一样物品作为测量工具，如回形针，从“杭州”（或北京）开始，一个挨一个首尾相连，整齐地排至“北京”（或杭州）；点数回形针的数量，将测量结果记录在记录纸上，如，“杭州—北京，____个回形针（笔帽、牙签）”。

观察要点：用工具测量时能否从起点开始一个一个首尾相连；能否手口一致的点数，不跳数；能否根据测量结果判断不同城市之间距离的远近。

指导策略：当幼儿不会用直尺量出直线距离时，教师可及时给予帮助；如果出现点数结果不正确的情况，引导幼儿将回形针依次排在直线上，并点数使用工具的数量。

活动延伸：幼儿用不同的测量工具进行测量，体验测量工具与测量结果之间的关系。

②整点。

目的：了解钟面图卡与图文卡、数字卡的对应关系，认识整点。

材料准备：塑封的整点钟面卡（图卡，图文卡，数字卡），分别用回形针分类夹好。

操作方法：将图卡逐一摆放成整齐的一排；拿图文卡，从左到右同图卡一一对比，若时间相同，则摆放在下面。比对时，幼儿读出钟面卡表示的时间：

“现在是×点整”；用同样的方法一一比对、摆放数字卡。

观察要点：能否准确地比对；能否准确读出钟面卡显示的时间。

指导策略：当幼儿不能准确比对时，提醒幼儿仔细观察钟面上时针、分针所指的位置；当幼儿不能准确地读出钟面卡显示的时间时，教师可以引导幼儿观察钟面上的时针和分针，分针指到“12”表示是整点，时针指到几即为几点。

活动延伸：教师与幼儿一起玩“拨时间”的游戏，教师出示表示时间的数字卡，幼儿在可活动的钟面卡上拨出相应的时间，或教师拨时针，幼儿用数字卡表示相应的时间。

5. 教学活动及计划表（节选）

活动名称	活动目标
我是中国小娃娃	◎初步了解中国人和外国人的不同，知道自己是中国人 ◎知道中国很大，中国人很聪明，萌发做中国人的自豪感
中国功夫	◎理解歌词，了解中国功夫的多样性及刚柔并济、气势雄壮的特点 ◎感受歌曲AB两段速度的不同，B段唱念结合的特点 ◎学习用肢体动作表现歌曲AB两段中的歌唱部分
有趣的汉字	◎了解汉字的起源，知道汉字是中国人发明的文字 ◎尝试根据事物图画、象形字认读相应的常见汉字 ◎关注周围环境中的汉字，对学习汉字产生兴趣
京剧脸谱	◎认识京剧脸谱，了解不同脸谱与人物身份、个性的关系 ◎感受脸谱图案与色彩的美，萌生对脸谱艺术研究的兴趣
青花瓷瓶	◎了解青花瓷纹饰的特点，欣赏青花瓷图案的清秀典雅 ◎学习在立体物品(瓶子)上画有规律的图案，体验创造美的乐趣
月亮船	◎理解故事的主要情节，初步了解我国的地理特点 ◎萌发热爱祖国的情感
大中国(一)	◎理解歌词，感受热爱祖国的真挚情感 ◎体验歌曲三段体的表现方式，为打击乐活动奠定基础
大中国(二)	◎在熟悉歌曲的基础上，学习打击乐表现歌曲 ◎协同演奏，感受演奏打击乐的愉悦
领奖台上	◎能为中国运动员为国争光感到自豪，增强热爱祖国的情感 ◎认识祖国的标志——国旗、国歌，热爱、尊敬国旗、国歌

续表

活动名称	活动目标
娃娃游中国	◎用较连贯的语言讲述旅游经历 ◎运用多种形式表现祖国的景色 ◎加深对祖国大好河山的认识,萌发对祖国的自豪感
北京的金山上	◎感受乐曲深情歌颂的意蕴 ◎学习藏族舞的基本动作
兄弟姐妹是一家	◎知道我国是个多民族的国家,有汉、藏、苗等五十多个聪明、勤劳、勇敢的民族 ◎了解部分少数民族的风俗习惯,尊重少数民族
民族服装真漂亮	◎了解少数民族服装的款式、色彩、图案,知道不同民族具有不同的服饰特点 ◎能用丰富的色彩、图案有目的地绘画自己喜欢的民族服饰
我们小手拉小手	◎有感情地朗诵诗歌,感受全世界小朋友都是一家人 ◎学习运用不同的线条变化和色彩及折、叠、剪的方法表现各国娃娃手拉手的情景
地球上的小朋友	◎发现不同肤色人物的特点,并尝试表现 ◎能表现出好朋友的快乐神态

案例:娃娃游中国①

◇活动目标

1. 用较连贯的语言讲述旅游经历。
2. 运用多种形式表现祖国的景色。
3. 加深对祖国大好河山的认识,萌发对祖国的自豪感。

◇活动准备

1. 幼儿每人一张和家人旅游的照片。
2. 有关祖国各地有代表性的风景画或明信片若干。
3. 各种制作材料:纸、泥、盒子等半成品及辅助材料。

◇活动过程

① 章红,孙浣敬,徐蓓珍,等.幼儿园建构式课程(第二版)[M].上海:华东师范大学出版社,2013:85.

1. 快乐的旅行

(1)教师结合自己的旅游照片,说说自己去过哪里,看到了什么。

(2)请几名幼儿结合有代表性的风景画或明信片介绍自己的旅游经历。如:你是和谁一起到什么地方旅游的?在旅游中看到了什么,听到了什么,做了什么,感觉怎样?

(3)启发幼儿用较连贯的语言进行讲述,并能运用一些优美的词语,让去过这些地方的幼儿补充讲述。

2. 祖国的美丽风景

(1)引导幼儿观察各种制作材料,说说自己想要用何种方法、材料表现美丽的风景。

(2)鼓励幼儿自由组合,选择材料,讨论表现的内容。

(3)组织幼儿与同伴分工制作。

(4)鼓励幼儿大胆想象,安排好景物的比例。

(5)将幼儿的作品布置成"祖国风光好"的展览,师幼共同欣赏。

3. 我们一起游中国

(1)教师介绍游戏玩法:游戏前,每人说出一个自己去过或想去的旅游景点名称(尽量不重复)。游戏开始时,全体幼儿整齐地拍手,一名幼儿先说"我的飞机开始飞",其他人齐问"飞到哪里去",另一名幼儿回答"飞到北京去",然后回答的幼儿接着说"我的飞机开始飞",如此反复进行。

(2)幼儿分组游戏,提醒幼儿记住同伴所说的名称。

(3)视幼儿熟悉游戏的情况,逐渐增加每组人数,以提高难度。

建议:

1. 幼儿的旅游经历不尽一致,讲述内容应当不拘一格,没有去过著名的旅游景点也可以讲述家乡的好去处,重要的是能将欣赏、喜爱的情感融入讲述之中。用美工手段表现自己的旅游经验也不需求大求全,能表现一个局部即予以鼓励。

2. 可将幼儿外出旅游的照片布置成小墙饰,让幼儿在日常生活中互相讲述、交流自己去过的地方。

三、案例分析

以上案例，第一个是与国庆节有关的主题活动，主题名为“我是中国娃”。其中包含主题概述、环境创设、家园共育、区域活动、教学活动等几个模块。

首先，从主题呈现方式来看，涵盖环境创设、区域活动、教学活动。通过环境创设，营造浓厚的节日气氛，让幼儿逐渐了解祖国大好河山、文化艺术、生活习俗等。同时，通过区域活动，锻炼幼儿动手动脑的能力。通过专门的教学活动，加强幼儿对国家和民族的了解，从而建立自信心和自豪感。

其次，活动内容涉及面广，包括国旗、国徽、国歌、汉字、京剧脸谱、青花瓷、水墨画、民族歌舞、中华传统民间故事等。

再次，主题活动融合了科学、语言、艺术、健康、社会等五大领域，特别是社会领域中幼儿对民族和国家的自信心、自豪感和归属感。

最后，活动强调家庭、幼儿园、社会的有机整合，强调亲子教育、社会资源的开发和利用。

拓展阅读

材料一：马斯洛及需求层次理论

亚伯拉罕·马斯洛，美国著名社会心理学家，第三代心理学的开创者，提出了融合精神分析心理学和行为主义心理学的人本主义心理学。他提出了马斯洛需求层次理论，代表作品有《动机和人格》《存在心理学探索》《人性能达到的境界》等。

马斯洛把需求分成生理需求（Physiological needs）、安全需求（Safety needs）、爱和归属感（Love and belonging）、尊重（Esteem）和自我实现（Self-actualization）五类，依次由较低层次到较高层次排列。假如一个人同时缺乏食物、安全、爱和尊重，通常对食物的需求量是最强烈的，其他需要则显得不那么重要。此时人的意识几乎全被饥饿所占据，所有能量都被用来获取食物。在这种极端情况下，人生的全部意义就是吃，其他什么都不重要。只有当人从生理需要的控制下解放出来时，才可能出现更高级的、社会化程度更高的需要如安全的需要。

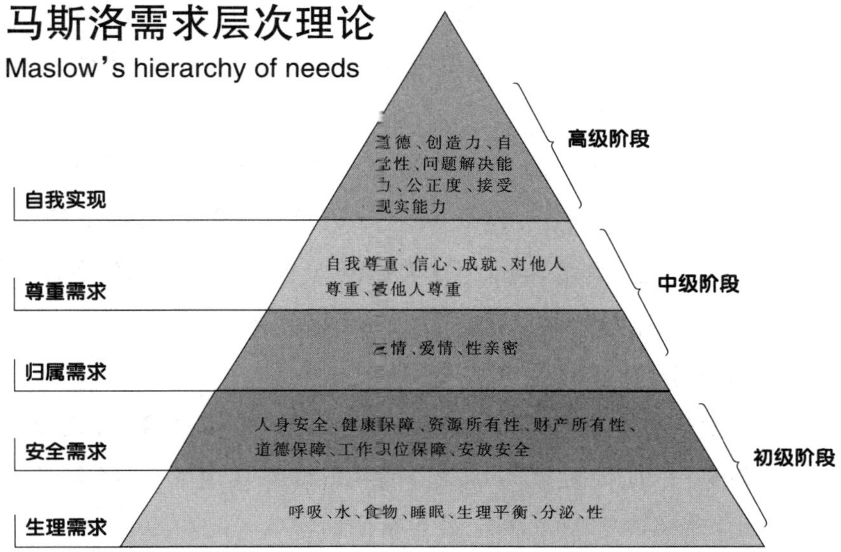

材料二：鲍尔贝及其依恋理论

英国精神病学家鲍尔贝（J.Bowlby）于1969年最早提出了依恋（attachment）这一概念。所谓依恋是指抚养者与孩子之间一种特殊的情感联结，在这里抚养者主要是指母亲。依恋分四个阶段发展。

1. 前依恋阶段（从出生至6周）：婴儿通过抓握、微笑、哭泣和凝视成人的眼睛，与他人进行亲密接触，一旦成人做出反应，婴儿鼓励她留在附近，因为亲密可使他们倍感舒适。此时的婴儿可以识别自己母亲的气味和声音，但是，尚未形成对她的依恋，不介意与不熟悉的成人留在一起。

2.“形成中的依恋”阶段（6周至6～8个月）：婴儿对熟悉的照料者和陌生人反应不同。随着婴儿与母亲交流，体验到忧伤可以缓解，得知自己的行动可以影响周围人的行为，当他们发出信号时照料者将做出反应的预期。他们开始发展信任感。但是，即使他们可以识别母亲，当与她分开时，婴儿仍然不会抗议。

3.“清晰的”依恋阶段（6～8个月至18个月～2岁）：婴儿表现出分离焦虑（Separation anxiety），当他们依赖的成人离开时变得难过。焦虑的出现意味着婴儿已经清楚理解，当照料者不在视野范围内时仍然存在。除了抗议父母的离开，大一些的婴儿和学步儿还努力尝试维持他在场，接近、跟随并爬到他身上。他们把熟悉的照料者当作安全基地（secure base），并能从中获得情感支持。

4. 交互关系的形成（18个月至2岁及以后）：表征和语言的迅速发展使得学步儿能够理解母亲的来去，以及预测她的返回，分离抗拒下降。这时，婴儿开始考虑母亲的愿望、需要和情感，认识到母亲的离开是暂时的，并不是抛弃他，母亲是爱他的，并与之建立起双边的人际关系。

材料三：安斯沃斯及其依恋类型

美国心理学家艾恩斯沃斯（Answorth）创设“陌生情景”，通过观察和分析婴儿在陌生情景中的行为表现来分析婴儿的依恋类型。将婴儿的依恋分为三种类型。

（1）安全型依恋（secure attachment）：这类儿童在母亲在场时能安逸地游戏和探索，母亲离开时情绪出现困扰，但母亲回来后很快又恢复平静。他们对陌生人的反应比较积极，能顺利地与陌生人交往。

（2）回避型依恋（avoidant attachment）：这类儿童母亲在场或不在场影响不大，母亲离开时也并不表现出分离焦虑，实际上这类儿童并未形成对人的真正依恋。后经研究表明，回避型依恋的儿童易成长为具有反社会性和攻击性行为的个体。

（3）抵抗型依恋（resistant attachment）：这类儿童似乎离不开母亲，母亲离开时极度痛苦，但母亲返回后又表现出矛盾心理，既想寻求与母亲接触，又在母亲亲近时生气地拒绝和反抗。抵抗型依恋的儿童容易表现出退缩性行为。

情节	在场人物	持续时间
1.母亲和婴儿一起进入房间	母亲、婴儿	3分钟
2.陌生人进房间	母亲、婴儿、陌生人	3分钟
3.母亲离开房间	婴儿和陌生人	3分钟
4.母亲回到房间,陌生人离开	母亲、婴儿	3分钟
5.母亲离开	婴儿	3分钟
6.陌生人回来	婴儿和陌生人	3分钟
7.母亲回来,陌生人离开	母亲、婴儿	3分钟

1990年,有的学者提出依恋的第四种类型,即混乱的依恋或不安全—解体型依恋(disorganzed attachment)。这类儿童在陌生情景中表现出杂乱无章和缺乏组织的行为,表现出最大程度的不安全感,对抚养者表现出恐惧、过分任性。这类儿童容易发展成为精神障碍患者(Main & Solman)。

在日常生活中,儿童与主要抚养者在亲密的联系中尽量形成安全型依恋,有利于其人格和社会性的健康发展。要避免形成不安全型依恋,以免使儿童形成不健全的人格和精神障碍。

真题解析

1.照料者对婴儿的需求应给予及时回应是因为:根据埃里克森的观点,在生命中第一年的婴儿面临的基本冲突是(　　)。

A.主动性对内疚

B.基本信任对不信任

C.自我统一性对角色混乱

D.自主性对害羞

【答案】B。根据埃里克森人格发展的八阶段理论,婴儿期(0~1.5岁)面临的基本冲突是信任和不信任的冲突。

2. 在陌生环境试验中，妈妈在婴儿身边时，婴儿一般就能安心地玩玩具，对陌生人的反应也比较积极，婴儿对妈妈的这种依恋类型属于(　　)。

A. 回避型

B. 无依恋型

C. 安全型

D. 反抗型

【答案】C。安全型依恋的幼儿与母亲在一起时，能安逸地玩弄玩具，对陌生人的反应比较积极，并不总是依偎在母亲身旁。当母亲离开时，探索性行为会受影响，明显地表现出一种苦恼。当母亲又回来时，他们会立即寻求与母亲的接触，但很快又平静下来，继续做游戏。

【小结】

本章内容首先介绍了儿童归属感的概念、发展特点和影响因素，并分析了儿童归属感的价值和意义，梳理了世界各国在课程体系中对儿童归属感培养的目标界定。在此基础上，介绍了儿童归属感培养的四大原则、五个途径和六种方法。最后，结合具体的儿童归属感活动“我是中国娃”，通过理论与实践相结合的方式为大家分析了幼儿园培养儿童归属感的具体做法。

思考与练习

一、选择

1. 以下与儿童归属感无关的概念是(　　)。

A. 亲子依恋　B. 安全感　C. 自主学习　D. 自我效能感

【答案】C

2. 儿童归属感培养的途径主要有(　　)。

A. 建立安全的亲子依恋

B. 做好幼儿的入园适应

C. 日常生活渗透与专门的教育活动相结合

D. 以上都是

【答案】D

二、简答

1. 说一说归属感与依恋、安全感的关系。

2. 如何通过家园共育培养幼儿的归属感?

三、请设计小班幼儿入园适应的活动方案。

参考文献

1. 包丽珍，曾天德 . 学前心理学[M]. 长沙：湖南师范大学出版社，2016.

2. 张明红 . 学前儿童社会教育与活动指导[M]. 上海：华东师范大学出版社，2014.

3. 李辉 . 学前儿童社会教育[M]. 南京：东南大学出版社，2016.

4. 陈帼眉 . 幼儿心理学[M]. 北京：北京师范大学出版社，1999.

5. 周燕 . 幼儿园活动设计[M]. 成都：西南交通大学出版社，2014.

6. 白丽辉、齐桂林 . 学前心理学[M]. 南京：东南大学出版社，2015.

7. 刘晶波，等 . 幼儿园社会领域教育精要——关键经验与活动指导[M]. 北京：教育科学出版社，2015.

8. 边玉芳，等 . 儿童心理学[M]. 杭州：浙江教育出版社，2009.

9. 周世华，耿志涛 . 学前儿童社会教育[M]. 北京：高等教育出版社，2011.

10. 裘指挥 . 幼儿社会教育与活动指导[M]. 北京：高等教育出版社，2014.

11. 叶平枝 . 幼儿园健康领域教育精要——关键经验与活动指导[M]. 北京：教育科学出版社，2015.

12. 梁珊珊 . 3—6 岁学前儿童亲子交往的影响因素研究[J]. 中国培训，2016（20）.

13. 吴育红 . 我国学前儿童交往的现状与对策[J]. 教育理论与实践，2012（14）.

14. 朱银燕 . 学前儿童社会性交往技能的培养[J]. 小学科学（教师版），2016（2）.

15. 李慧珍 . 学前儿童同伴冲突干预研究综述[J]. 教育导刊（下半月），2017（9）.

16. 王婧 . 父母教育观念对学前儿童同伴关系影响的实证研究[D]. 西安：陕西师范大学，2016.

17. 黄瑾 . 幼儿园教育活动设计与指导[M]. 上海：华东师范大学出版社，2007.

18. 朱家雄 . 幼儿园课程[M]. 上海：华东师范大学出版社，2003.

19. 尚忆薇 . 儿童运动与休闲活动设计[M]. 上海：华东师范大学出版社，2013.

20. 李季湄，冯晓霞 .《3—6 岁儿童学习与发展指南》解读[M]. 北京：人民教育出版社，2013.

21.David R.Shaffer & Katherine Kipp. 发展心理学[M]. 邹泓，等译 . 北京：中国轻工业出版社，2016.

22. 张琳 . 幼儿园教育活动设计与实践手册[M]. 北京：高等教育出版社，2010.

23. 于开莲 . 幼儿园社会教育[M]. 北京：人民教育出版社，2015.

24. 马桂新 . 环境教育学[M]. 北京：生活·读书·新知三联书店，2003.

25. 王海英 . 学前教育社会学[M]. 南京：江苏教育出版社，2009.

26. 贾艳艳，郑璞 . 学校环境教育与社会环境教育的区别[J]. 石家庄经济学院学报，2002（4）.

27. 赵瑞桃 . 幼儿园环保教育研究[D]. 武汉：华中师范大学，2014.

28. 嵇 珺 . 我国幼儿园社会领域教育研究[D]. 南京：南京师范大学，2012.

29. 俞国良 . 当代青少年心理与教育大辞典[M]. 太原：山西人民出版社，2000.

30. 张春兴 . 张氏心理学辞典[M]. 上海：上海辞书出版社，1992.

31. 李召存 . 追寻课程政策背后的教育意义：基于学前课程纲要的国际比较研究[M]. 上海：华东师范大学出版社，2012.

32. 张文新 . 儿童社会性发展[M]. 北京：北京师范大学出版社，1999.

33. 甘剑梅 . 学前儿童社会教育[M]. 北京：中央广播电视大学出版社，2014.

34. 章红，孙浣敬，徐蓓珍，等 . 幼儿园建构式课程大班上（第二版）[M]. 上海：华东师范大学出版社 .2011.

35. 谢露露 . 大班幼儿班级归属感培养的行动研究[D]. 重庆：西南大学，2014.

36. 莫源秋 . 幼儿的归属需要与心理卫生[J]. 教育导刊，2007（2）.

37. 包克冰，李卉，徐琴美 . 中学生学校归属感及其与自我概念的关系研究[J]. 教育科学研究 .2006（1）.

38. 朱之侃. 幼儿园班级管理中幼儿归属感的建立[J]. 学前教育，2012（10）.

39. 于冬青，韩蕊. 儿童期归属感发展的特点及适宜性教育[J]. 东北师大学报（哲学社会科学版），2014（2）.

40. 杨元花，曹中平. 儿童安全感的发展与培养[J]. 湖南社会科学，2013（4）.

41. 周相全，唐浩. 大脑研究对教育的启示[J]. 知识经济，2010（10）.

42. 杨丽珠，吴文菊. 幼儿社会性发展与教育[M]. 大连：辽宁师范大学出版社，2000.

43. 徐明. 幼儿社会教育[M]. 北京：中国劳动社会保障出版社，1999.

44. 李生兰. 学前教育学[M]. 上海：华东师范大学出版社，1999.

45. 付立芳. 学前儿童社会教育[M]. 杭州：浙江工商大学出版社，2016.

46. 虞永平. 学前课程价值论[M]. 南京：江苏教育出版社，2002.

两者区别:原理一样,不同之处是设施设备各异。

3. 其他——再生浴、冲浪浴、光波浴

(1)再生浴

由于桑拿浴、蒸汽浴都是高温洗浴方式,客人难以长期坚持,不能达到理想的健身效果,后来出现了浴室温度和湿度低于桑拿浴、蒸汽浴的再生浴,再生浴室有防蒸汽的墙灯,棚顶还配有自动香精喷雾器和自动清洗器。

(2)冲浪浴

冲浪浴是在特殊设计的水力按摩浴缸、按摩池中进行洗浴的方式。按摩浴缸根据人的体型特征设计,针对人体的背部、尾骨、神经中枢及其他穴位,装置特殊喷嘴,汇集空气及水流,产生大量回旋式气泡和漩涡式动力冲击人体的各个穴位,刺激皮肤毛孔,进行水力按摩。它可使人的心脏得到适当的运动,既加强其承受压力的能力,又可促进人体血液循环,加速新陈代谢,并可治疗因剧烈运动所引起的肌肉疼痛或关节疼痛。

(3)光波浴

光波浴是利用红外线发生器发出的红外线照射人体,与人体内的红外线发生共振,产生内热,使人体在40~60℃的洁净环境内大量出汗,从而达到消除疲劳和恢复体力的功效。光波浴又称红外线桑拿浴,与传统桑拿浴的区别在于:浴者没有置身于高温、高湿的环境中,因此,不会产生胸闷、心慌、头晕等感觉。

知识链接:干蒸与湿蒸的区别

桑拿房包括干蒸房和湿蒸房,人们平时说的桑拿房是干蒸房,蒸汽房是湿蒸房。干蒸房是通过对桑拿房的不断研究和改进,在桑拿房的基础上,利用最新纳米技术将电气石和远红外配置在桑拿房内,增加桑拿房的功效和功能。

干蒸:利用电加热设备——桑拿炉把电能直接加热后会释放热量使房内温度升高而让人排汗。干蒸的温度较湿蒸高,可达到100℃左右。干蒸因不含水分,尤其适合有风湿病的患者,同时没有蒸汽的味道,蒸起来鼻子会比较舒服,不过蒸完皮肤会比较干燥,所以得补充水分。

湿蒸:把水烧开使之产生蒸汽,再通过管道喷出,产生的蒸汽有充沛的水分。温度一般控制在50℃左右,女士们大多会选择湿蒸,因为蒸完皮肤都会较之前红润、水灵。

(二)桑拿浴的功效

改善血液循环,解除疲劳,排毒养颜,改善睡眠,治疗疾病,还可减肥。

1. 由于蒸桑拿的过程中皮肤的毛细血管明显扩张,大量出汗,血液循环得到很大的改善。

2. 可以降低压力,彻底放松疲劳、紧张的肌肉和神经。

3. 80℃左右的高温可帮助汗液排泄,杀死皮肤表面的细菌,更有助于排出体内的废物、毒素,使皮肤里各种组织获得更多的营养。

4. 充分改善人体微循环,促进新陈代谢。

5. 可以使你的肌肤非常柔软,肤质更光滑、美丽。

6. 可燃烧多余的脂肪,令爱美的女士达到减肥的效果。

7. 蒸过桑拿浴后,能有效地改善睡眠,可以使人很快地进入梦乡。

8. 桑拿兼有治疗疾病的作用。它通过接连几次的冷热交替缓解疼痛,松弛关节。

9. 桑拿浴针对许多皮肤病诸如鱼鳞病、银屑病、皮肤瘙痒症等都有不同程度的治疗作用。

三、桑拿浴室设施设备

1. 桑拿房。如图 3-1-9 所示。

2. 桑拿炉与火山石。如图 3-1-10 所示。

3. 桑拿木桶与木勺。如图 3-1-11 所示。

图 3-1-9 桑拿房

图 3-1-10 桑拿炉、火山石

图 3-1-11 木桶 、木勺

四、洗桑拿浴注意事项

有下列情况者不宜洗桑拿浴：

1. 有高血压、脑溢血、心脏病病史的患者。

2. 饭后，特别是饱餐半小时内。

3. 过度劳累，饮酒过量或饥饿时。

4. 患有传染性皮肤病者。

5. 经期中的妇女。

知识链接：

桑拿浴的起源

“桑拿”是芬兰语，这样的称呼恐怕与桑拿的起源有关。芬兰是桑拿浴的发源地，这个令人舒筋活络的风俗，最早起源于芬兰的乌戈尔族。“桑拿”的原意是指“一个没有窗子的小木屋”，最初的小木屋，不仅没有窗户，甚至连烟囱也没有，浓烟把屋子熏得油黑，因而，那时的桑拿就叫“烟桑拿”。后来，一些富有革新精神的人安装了烟囱，桑拿从此也就有了新颜面。不过，芬兰的一些地方仍然保留了“烟桑拿”，但享受一次，却要很多钱，而且很费时间，因为“烟桑拿”要熏上七八个小时才能真正达到效果。

其实，早些时候的桑拿并不完全是洗浴、取暖、消遣之所，它还有许多其他重要的功能，如用桑拿房烘亚麻、熏肉、烤肉，准备酿酒的麦芽等。桑拿房甚至还是当时芬兰妇女分娩的地方，因为人们认为那里最卫生、最洁净，还认为蒸汽可以减轻分娩的痛苦。芬兰人从呱呱落地，整个一生都离不开桑拿。芬兰全国总人口约540万，而全国各地各种形式的桑拿设施不少于200万，也就是说平均每2个多人就有一个桑拿房。对于这一点，没有到过芬兰的人，也许难以想象。而到了芬兰，就会真正理解“有人活动的地方就有桑拿”这句话了。所以世界桑拿锦标赛把比赛场地设在了芬兰。

洗芬兰浴是芬兰人的基本生活内容，几乎每个家庭和单位都有芬兰浴室，周末家人团圆，平时朋友相聚，通常最佳方式之一就是洗芬兰浴。蒸浴的温度控制在80℃左右为宜，也可在大热之后再大冷，冷热交替，使奔波紧张的疲劳顿时消失了，全身心觉得舒坦、惬意、畅快。在芬兰，洗桑拿并非奢侈的高级享受，更不是财产或地位的象征。首先，没有桑拿的家庭住宅是极少见的，无论是在独门独院的私人住宅，还是在租来的公寓，没有桑拿设备是不会有人居住的。即使没有自家专用的单独桑拿室，也必须有公用的桑拿室；没有完备的全套桑拿设施，也一定要有简单的、小型的桑拿浴室。

芬兰的赫尔辛基机场的候机楼里有个小型旅馆，那里之所以受过境旅客的欢迎，是因为不少人就是想利用候机的一点时间，享受一下桑拿。芬兰人洗完芬兰浴后，亲朋好友随即喝着冰啤酒，吃着烤香肠，谈天说地，不亦乐乎。旅游途中，人们在相互的思想交流中消闲时光，享受人生的无限乐趣。

北欧由于气候严寒，人们常年不出汗，于是为了设法出汗就采用了桑拿浴这种使人大汗淋漓的方法，并在此基础上使桑拿浴的设备和洗浴方式不断得以改进，特别是随着科学技术的发展，北欧人将先进的科技运用于桑拿浴设备，从而使桑拿浴达到现代化水准。桑拿浴从浴室环境和出汗方式又可分为干与湿两种。

干桑拿浴从芬兰传入中国，因而称为芬兰浴，湿桑拿浴从土耳其传入我国，因而亦称为土耳其浴。其实，古代中国曾出现过类似桑拿的活动，据1996年8月1日《中国日报》署名文章称，早在中国的春秋时代，赵国国王曾下令将成千块烧红的大铁块投入水池之中，产生大量的蒸汽，然后他率领众妻妾在蒸汽池中嬉戏。文中还说，忽必烈还没有称帝之前，在一次征战中，由于过度劳累晕倒在战场。它的手下把一块大石头烧得通红，然后往石头上泼水，后把这个冒着热气的石头抬到忽必烈的身旁，据说这样可以促进血液流通，后来，他沉沉地睡了一觉，第二天又挥戈上马了。

洗桑拿浴的步骤

通常在洗桑拿浴前，应先冲一个温水淋浴，因为当身体表面有水分时，在桑拿浴室内会比较舒服。桑拿浴室内的温度通常为70~100℃，最佳湿度是每千克空气中的水蒸气含量为40~70g。另外，桑拿室内还必须保持必要的空气流通，室内的温度都要靠向炉上石头泼水的次数来调节。在室内时间则视个人支持能力而定，适合的热度会令皮肤的毛孔扩张而大量出汗，出汗后应再冲一个凉水浴或冰水浴。

皮肤经凉水或冰水的刺激，毛孔立刻收缩，毛孔中的污垢会立刻排出去。然后再次进入桑拿浴室内，通常第二次进入桑拿浴室，在短时间内就会大量排汗，排汗后再次冲冰水浴。使用公共桑拿时应当备有经过消毒的布巾或纸巾作坐垫，一人一换，桑拿浴后应当有足够的时间休息，或躺或坐，悠闲自在，如果再喝上一杯清凉饮料那是非常惬意的。但是一定要牢记，浴前不宜吃得过饱，不可喝烈性酒。

一般人会以为从炙热的桑拿浴跳到冰水中会很难受，但你大可放心，因为在那时候，你的身体比较容易接纳冰水，因而感到十分舒畅。东方人大多数喜欢湿度较高的桑拿，当你感觉过分干燥及炙热时，呼吸会比较困难，可把水洒在炙热的石头上，从而制造大量蒸汽，使空气潮湿。

桑拿浴世锦赛

芬兰人酷爱桑拿浴。对芬兰人来说，桑拿浴就像空气和面包那样，是生活中不可缺少的重要组成部分。在这个只有540万左右人口的国家共有不少于200万个大大小小的桑拿浴室，每个芬兰人几乎从婴儿时期就依偎在母亲的怀里开始接受桑拿浴的熏蒸和洗礼。但在芬兰举行独特的国际桑拿浴比赛则有一段有趣的故事。早在1999年，一群酷爱桑拿浴的芬兰男子在黑诺拉市游泳馆的桑拿浴室中举行非正式的比赛，看谁在桑拿浴室中坚持的时间最长。黑诺拉市由此萌发了在当地举行国际桑拿浴比赛的想法，并于1999年将其付诸实施，在该市举行首届国际桑拿浴比赛。来自芬兰各地以及瑞典、荷兰和德国的桑拿浴爱好者参加了首届比赛。此后，国际桑拿浴比赛每年在黑诺拉市举行一次，受到世界各国桑拿浴爱好者的欢迎和积极参与。

芬兰南部城市黑诺拉用3~4日举行了第九届国际蒸桑拿比赛，谁能在高达110℃的桑拿浴室里坐上最长的时间，并在没有人帮助的情况下从里面走出来，就是最后的冠军。

这次有来自16个国家，总共80位挑战者参赛，比赛分男女两组，参赛者被关在110℃的桑拿浴室里，比赛谁撑得久。除了在‘烤箱”熬时间之外，组织者还要求参赛者必须保持坐姿笔直，而且如果在比赛中向场外的人求助，则会立即丧失参赛资格。比赛不到10分钟，许多人带着满身汗水逃出“烤箱”，结束“自虐行为”。比赛到了最后关头，女子组剩下两人苦撑，最后白俄罗斯的参赛者被人架走，芬兰的库琳就以10分31秒的成绩连续第二年蝉联“蒸桑拿女王”的宝座。经过一番痛苦的煎熬后，男子组冠军也顺利出炉，同样来自芬兰的提莫以12分26秒的成绩称王。爱洗桑拿浴的芬兰人，耐热力果然很棒，自1999年创立比赛开办至今，外国人几乎难以赢得冠军。

任务实施

训练要求：

1. 将班级学生分成小组，每组又分 A、B 两小组，每组选一位组长。

2. A、B 两组分别扮成服务员或洗浴客人（角色可互换），完成桑拿浴服务中的准备工作、迎接工作、桑拿浴服务、送客服务、结束工作以及洗桑拿的注意事项等环节的演练。

3. 训练可在教室、模拟实训室进行。

4. 每组同学在训练过程中一定要认真，特别要注意操作过程的规范性。

活动一：学生进行桑拿浴服务训练

表 3-1-1 学生训练桑拿浴服务活动记录表

序号	项目任务	问题思考	完成情况记录
	桑拿浴服务	(1)桑拿浴有哪些类型？ (2)桑拿浴服务的一般步骤有哪些？ (3)洗桑拿浴有哪些注意事项？	

活动二：以小组为单位模拟演练桑拿浴服务中的“迎接工作”“送客服务”

表 3-1-2 学生训练桑拿浴迎送服务活动记录表

序号	任务	内容	完成情况记录
1	迎接工作	(1)微笑，主动问候 (2)提供换鞋服务 (3)递送手牌 (4)指示更衣室位置 (5)引领客人进入桑拿室	
2	送客服务	(1)帮助客人穿戴好衣帽，提醒客人带好随身物品 (2)结账：核对手牌，询问结账方式，核对账单 (3)回收手牌、换鞋 (4)送客人至门口礼貌道别	